TEICHS PRAKTISCHE REIHE

Festreden und Ansprachen

Herausgeber: Hans-Jürgen Linden

Hans-Jürgen Linden

Festreden und Ansprachen

Eine Fundgrube wirkungsvoller Reden,
Sprüche, Gedichte und Prologe für alle Gelegenheiten

Verlag Otto Teich • Darmstadt

ISBN 3-8069-0107-4

Titelzeichnung: Hugo Winderlich
Printed in Germany

Inhalts-Verzeichnis

Festreden für alle Gelegenheiten

Dankreden

Sprüche — Gedichte — Prologe
für alle Gelegenheiten

Vorwort

Es gibt ein Geheimmittel, sich bei Zuhörern, wenn man eine Rede hält, beliebt zu machen: Fasse dich kurz. Genauso will auch ich es mit meinem Vorwort halten.

Vor nicht allzulanger Zeit nahm ich an einer Delegiertentagung teil, bei der unter anderem entschieden wurde, in welche Stadt ein großes Fest dieses Verbandes gelegt werden sollte. Es waren vier Städte, die sich darum bewarben, und wie mir ein Vorstandsmitglied sagte, kam eigentlich nur eine dieser Bewerberinnen in Frage. Vor der Abstimmung hatten die vier Vertreter dieser Städte Gelegenheit, dem Delegiertentag die Vorzüge ihrer Stadt anzupreisen. Dann kam die Wahl. Und es geschah etwas Überraschendes. Nicht d i e Stadt schoß den Vogel ab, die, wie mir im Vorstand vorher gesagt worden war, als einzige echte Chancen hatte, sondern eine ganz andere, mit der niemand ernsthaft rechnete. Da hörte ich am Vorstandstisch folgendes Wort: „Da sieht man wieder einmal, was ein guter Redner ausmacht!"

Der Vertreter dieser Stadt hatte nämlich so kurz, treffend und überzeugend gesprochen, daß ihm die meisten Delegierten die Stimme gaben, und die Stadt, die als ernsthafteste Bewerberin galt, bei der Abstimmung weit zurückfiel.

Reden zu können, ist ein großer Vorzug. Reden zu können, ist der Schlüssel zum Erfolg und die Vorstufe für wichtige Ämter und damit Einfluß. Aber nicht nur im öffentlichen Leben hat das Redenkönnen seine Vorzüge, sondern auch in der Familie sollte es gepflegt und zu einem herzlich-verbindenden Band werden.

Dieses Büchlein soll ein Wegweiser dazu sein. Es gibt hunderterlei Veranstaltungen, bei denen Reden gehalten werden, es gibt hunderterlei Anlässe, die eine Ansprache direkt herausfordern. Sie alle aufzuzählen, würde den Rahmen dieses Buches weit sprengen. Aber alle unsere Beispiele sind so gewählt, daß sie sich abwandeln lassen und mit geringen Veränderungen für andere Zwecke verwendet werden können.

Man kann reden lernen, wenn man nur die richtige Anleitung dazu hat. Je mehr man spricht und im Laufe der Zeit es auch lernt, seine Zuhörer richtig anzusprechen, umsomehr Sicherheit erwirbt man, vor einen großen Kreis zu treten und die Gedanken, die man hat, einfach und ungekünstelt auszusprechen, denn nur so wirkt eine Rede. Wer sich in hochtrabenden Worten ergeht, ist von seinen Zuhörern bald als Heuchler durchschaut und verliert an Ansehen, seine Rede an Interesse. Derjenige, von dem man weiß, daß „er reden kann", nimmt eine besondere Stellung in seiner Umwelt ein. Eine Stellung, die ihn aus den anderen heraushebt und ihm nicht nur Anerkennung einbringt, sondern auch Wege ebnet. Wer vor einem großen Zuhörerkreis sprechen kann, gewinnt auch Sicherheit in den kleinen Dingen des Umgangs mit Menschen im Alltag, eine Sicherheit, die ihm im Berufs- und Privatleben sehr hilft.

Daher sei dieses Buch mehr als nur eine Sammlung von Reden. Es sei eine kleine Schule für das Leben.

Hans-Jürgen Linden

Was ich über die Rede wissen muß

Im Griechenland des Altertums, dem Geburtsland der Demokratie, war die Rede zu einer solchen Höhe entwickelt worden, wie sie wohl kaum jemals wieder erreicht wurde. Der berühmteste Redner war ein Mann namens Demosthenes. Wenn man sich nun überlegt, daß dieser Demosthenes alles andere als ein Adonis war, daß er außerdem über sehr viele schlechte Eigenschaften verfügte, die ihn nicht gerade für einen Redner wie geschaffen machten, daß er zum Beispiel nach jedem Satz mit den Schultern zuckte, daß er lispelte und sehr leise sprach, dann verwundert es, daß er so berühmt wurde, daß man noch heute von ihm spricht.

Wie wurde nun Demosthenes zu einem Redner von so hohen Graden? Die Antwort lautet: Durch echtes Training. Um seine leise Stimme zu schulen und ihr Kraft zu verleihen, daß er bis in den entferntesten Winkel des Marktplatzes gehört wurde, wenn die Volksversammlung tagte, ging er ans Meer und hielt seine Rede gegen die Wellen und den Wind. Um sich das Zucken mit den Schultern abzugewöhnen, stellte er sich unter zwei Schwerter, deren Spitzen auf seinen Schultern lagen. Wenn er mit den Schultern zuckte, bekam er die Quittung postwendend durch den Schmerz, den es verursachte, wenn er gegen die Schwerter stieß. Um sich das Lispeln abzugewöhnen, sprach er mit einem Kieselstein im Mund. Warum ich Ihnen das erzähle? Nur um Ihnen zu beweisen, daß jeder, aber auch jeder, ein Redner werden kann. Die Grundregeln dafür in den nächsten Zeilen.

Wer eine Rede hält, will auch Resonanz im Publikum verspüren, er muß also mit seinen Zuhörern Kontakt bekommen. Was verhilft ihm dazu? Zunächst einmal sein Auftreten, das bereits mit dem sorgfältigen Anzug beginnt. Dann die Sicherheit, mit der er auf das Podium tritt, und die Gelassenheit, mit der er spricht. Er soll laut sprechen und deutlich, so daß ihn jeder im Saale hören kann. Er soll aber nicht schreien wie ein Diktator.

Die Stimme ist das hauptsächlichste Bindeglied zwischen Redner und Zuhörerschaft. Der Wohllaut spricht jeden an. Als der Tonfilm aufkam, mußten viele begabte Filmschauspieler und Filmschauspielerinnen ihre Karriere beenden, weil sich ihre Stimme nicht für die Tonwiedergabe eignete. Sie alle hatten es versäumt, ihre Stimme zu bilden und zu verbessern. Sie können sich so helfen, daß Sie laut an jedem Abend eine viertel bis eine halbe Stunde aus der Zeitung oder aus guten Büchern lesen. Am besten ist, Sie suchen sich jemanden, der Ihnen zuhört und Sie berichtigt, wenn Sie etwas falsch betonen, in den Dialekt zurückfallen oder zu schnell sprechen, so daß der Zuhörer nicht folgen kann. Die Betonung ist sehr wichtig, deshalb haben wir in den folgenden Reden alle die Worte, die betont werden müssen, gesperrt gedruckt.

„Der spricht mit Händen und Füßen", ist nicht gerade ein Lob. Gewöhnen Sie sich deshalb an, mit ihren Gesten sparsam umzugehen und nur sehr wichtige Dinge mit Gebärden zu unterstreichen.

Wenn Sie mit der Zunge anstoßen, also lispeln, dann können Sie sich das abgewöhnen, indem Sie einen kleinen Gegenstand, vielleicht einen Flaschenkorken, zwischen die Zähne nehmen und laut aus einem Buch lesen. Sie werden erstaunt sein, wie schnell Sie das Lispeln verlieren.

Jede Rede hat ein Thema. Es zieht sich wie ein roter Faden vom ersten bis zum letzten Wort. Wer abschweift, setzt aufs Spiel, daß sich das Interesse seiner Zuhörer auf alles andere, nur nicht auf seine Rede konzentriert.

Fremdwörter sind nicht nur Glückssache, sondern werden auch von vielen Menschen nicht verstanden. Wer also vor einem größeren Kreis spricht, muß auch auf diejenigen Rücksicht nehmen, die auf Grund ihrer Schulbildung seinem „geistigen Höhenflug" nicht folgen können.

Lange Sätze bedeuten nicht nur eine Gefahr für den Redner — er verliert sehr leicht den Faden —, sondern auch für die Zuhörer, die dann trotz aller Konzentration dem Sinn nicht zu folgen vermögen.

Erfolgreiche Redner sind niemals Leute, die lange Reden halten. Die kurze Rede ist die, die meist den größten Erfolg hat, wenn sie nur alles das enthält, was der Redner zum Ausdruck bringen wollte. Wer seine Rede zu Hause vorbereitet, muß sich immer eines überlegen: Eine Rede ist keine „Schreibe". Das geschriebene Wort hat andere Gesetze als das gesprochene. Wer also seine Rede niedergeschrieben hat, soll sie sich mehrmals laut vorlesen, besser vorsprechen, und dann Stil und Inhalt der Rede dem gesprochenen Wort angleichen. Man schreibt in Deutschland zum Beispiel noch: Er kam aus dem Wald**e**. Aber man sagt: Er kam aus dem Wald. Wenn er in seiner Rede auch „Wald**e**" sagen würde, so würden die Zuhörer das als übertrieben und gekünstelt empfinden.

Es gibt hunderte von Gelegenheiten, bei denen man eine Rede halten muß. Natürlich haben wir nicht für alle Beispiele bringen können, sondern uns mit einer guten Auswahl begnügt. Diese Beispiele jedoch lassen sich leicht auch für andere Zwecke abwandeln. Wir haben das „Du" und das „Sie" möglichst vermieden, damit sie immer „passen". Und alle Beispiel-Reden haben einen großen Vorzug: sie sind kurz gehalten.

Das Wichtigste an diesem Buch ist aber gar nicht das Reden, sondern die Wirkung, die von dem „Reden-können" ausgeht. Ist Ihnen schon aufgefallen, daß die Schulen, in denen man reden lernt, sich immer Rede- und Erfolgsschule nennen? Und das mit gutem Recht. Erfolg kann man wirklich lernen. Die Rede, das Sprechen, ist die erste Sprosse auf der Leiter des persönlichen Erfolges. Viele Menschen sind zwar redebegabt, aber sie beherrschen nicht die Technik der Rede, wissen nicht, was man wie ausdrückt. Dazu soll dieses Buch verhelfen. Mit Mutterwitz und Schlagfertigkeit kommt man am Rednerpult nicht weit. Deshalb möchte ich nochmals auf die wichtigen Punkte, die man beachten muß, hinweisen: 1. Langsam sprechen, 2. deutliche Aussprache, 3. Endungen nicht verschlucken, 4. laut sprechen, ohne zu schreien, 5. ohne Dialekt sprechen, 6. auf die Haltung achten, 7. sparsam im Gebrauch von Gebärden sein und schließlich der nicht oft genug gesagte Rat: Wer kurz spricht, macht sich beliebt.

Wenn Sie diese Anregungen beachten, kann es nicht schiefgehen. Neben Ihrer Beliebtheit im Verein, Club und Familienkreis wird sicher auch Ihr Erfolgsbarometer im täglichen Leben steigen.

Jede Rede verfolgt einen bestimmten Zweck. Wenn sie es nicht tut, dann sollte man sie überhaupt unterlassen. Jede Rede wendet sich aber auch an eine Persönlichkeit oder an einen ganzen Kreis. Das wird vor allen Dingen in der Anrede zum Ausdruck gebracht. Das Taktgefühl und das eigene Verhältnis zu denjenigen, die man ansprechen will, entscheiden darüber, welche Anrede man wählt. Ist das Verhältnis herzlich und intim, dann wird man immer das Wörtchen „liebe“ einsetzen, ist das Verhältnis nicht so eng, wird man zum „sehr geehrten“ greifen. Der Vereinsvorsitzende eines Sportvereins wird sich an die „lieben Sportfreunde“ wenden, der Sohn, der zum Muttertag spricht, kann nur die Anrede „liebe Mutter“ wählen. Dagegen kann der Herr Professor, dem man gratuliert, sowohl ein „lieber Herr Professor“ als auch ein „sehr geehrter “sein. Wie gesagt, das Verhältnis, in dem man zum Angeredeten steht, entscheidet über die Wahl der rechten Anrede. Ein Ansprache ohne Anrede gibt es nicht.

Wer vor einem großen Kreis spricht, sich von seinem Platz erhebt und zum Rednerpult geht, braucht sich nicht mehr bemerkbar zu machen. Jedermann im Saal weiß, er will jetzt eine Rede halten. Anders ist es im geselligen Kreis. Wer etwas sagen will, klopft mit einem Besteckteil an's Glas, erhebt sich und wartet einen Moment, bis die Tischgespräche verstummen. Muß man in seiner Anrede eine Anzahl von Ehrengästen begrüßen, dann vergißt man nicht, bei der Erwähnung des Namens mit einer leichten Verbeugung zu den Angesprochenen seine Reverenz zu erweisen und den anderen Zuhörern damit gleichzeitig zu zeigen: „Da sitzt er.“

Am Schluß unserer Beispielreden finden Sie Hinweise auf bestimmte Seiten. Wenn Sie nachschlagen, werden Ihnen dort Zitate und Aussprüche begegnen, die leicht in die Reden eingebaut werden können. Wir haben Beispiele vom Prolog bis zum Trinkspruch für Sie zusammengestellt. Auch an den Schluß einer Ansprache gesetzt, bilden diese Verse nicht nur einen guten Abschluß, sondern auch einen Höhepunkt der Rede. Da diese Sprüche nach dem Zweck der Veranstaltungen geordnet sind, kann man sie auch durch ein junges Vereinsmitglied als Einleitung von der Bühne herab deklamieren lassen. Zitate verfehlen auf den Zuhörer niemals ihre Wirkung. Daher ist es gut, sie oft heranzuziehen.

Festreden zu Familienfeiern

Familienfeste sind Höhepunkte des Familienlebens. Sie vereinigen alle Familienangehörigen, die sich oft jahrelang nicht sehen. Daher sollte jedes Wort auch die Festlichkeit der Feier atmen.

Zur Taufe

Zwar ist der Täufling heute der Mittelpunkt. Würde ich mich mit meinen Worten aber an ihn wenden, er würde mich nicht verstehen. Daher kann ich das tun, was mir mein Herz befiehlt, nämlich den Eltern meine Glückwünsche aussprechen und ihnen die Wünsche sagen, die für unseren jungen Erdenbürger bestimmt sind: Mögen ihn immer zwei Dinge auf seinem Weg durch das Leben begleiten. Gesundheit und Zufriedenheit. Sie sind der Schlüssel zu einem erfüllten Leben, an dessen Anfang er erst steht. Was er aus seinem Elternhaus mitbekommt, wird seinen Weg entscheidend beeinflussen. Das ist die große Aufgabe der Eltern, denn das Kind — und später der Erwachsene — ist der Spiegel seiner Eltern. Und in diesem Hause wird er nicht blind und unansehnlich, sondern glänzend und klar.
Der Täufling mußte mit Wasser zufrieden sein. Wir aber wollen mit edlem Wein auf seinen Lebensweg anstoßen.

Konfirmation und Kommunion

Du bist jung, und die Welt steht dir offen. Die vollen Akkorde der Orgel, die durch die Halle der Kirche klangen, waren wie ein Begrüßungschor: Die Kirche hat dich als vollgültiges Mitglied in ihren Schoß genommen. Du hast Rechte bekommen und damit auch Pflichten. Ein neuer Abschnitt deines jungen Lebens hat begonnen. Du bist jetzt fast ein „Großer". Mit allen Rechten und Pflichten Gott, der Kirche und den Menschen gegenüber. Eine Pflicht ist kein schweres Gewicht, wenn man statt „ich muß" — „ich will" sagt. Oft wirst du dich an den feierlichen Tag erinnern, denke stets daran, daß du so frei und unbeschwert an ihn zurückdenken kannst, wie du heute bist. Dann ist dein Leben würdig und richtig verlaufen. Und daß es so werde, das ist mein Wunsch.

Schulentlassung

Heute ist der Tag, den wir alle einmal mit Ungeduld herbeigesehnt haben, der Tag, der die Hoffnung für ein ganzes Leben in sich birgt. Du bist jung, hast die Schule verlassen. Zum letzten Male haben sich ihre Pforten hinter dir geschlossen, die Gemeinschaft, in der du jahrelang behütet wurdest, hat dich freigegeben. Die Schule und das Elternhaus gaben dir das Rüstzeug für das Leben, vor dessen Aufgaben du jetzt mit klopfendem Herzen stehst. Es beginnt der erste Schritt in eine unbekannte Welt, heraus aus dem sicheren Hort des Elternhauses. Die Lehrer sagten immer wieder: Ihr lernt nicht für die Schule, sondern für das Leben.

Habt ihr ihnen immer geglaubt? Jetzt wirst du merken, wie recht sie hatten. Jetzt kannst du zeigen, was in dir steckt, wie du die Aufgaben meisterst, die an dich gestellt werden. Es gibt nur einen Fehler, nämlich den, daß du auf den Lorbeeren des Schulzeugnisses ausruhst. Das Leben — und wir Älteren haben es erfahren — verschenkt nämlich nichts, es will erobert sein. Der heutige Tag ist so etwas wie eine Grundsteinlegung, das Gebäude darüber muß sich jeder selbst errichten. Man sagt doch so schön: Baue dein Leben auf. Mein Wunsch ist, daß das Gebäude deines Lebens schön, groß und den Stürmen trotzend sein möge! (Siehe auch Seite 45.)

(Diese Ansprache kann auch an einen größeren Kreis von Schulentlassenen gerichtet werden. Sie muß dann nur in die Mehrzahl übertragen werden.)

Examen

Wenn es einen Abschnitt im Leben eines jungen Menschen gibt, dem besondere Bedeutung zukommt, dann ist es ein bestandenes Examen. Aus dem Lehrling ist ein Geselle geworden, der alt genug ist zu wissen, wie man ein Meister wird. Stolz und Genugtuung sind die Gefühle, die einen beherrschen, wenn er vor gestrengen Examinatoren bestanden hat. Eine Klippe ist umschifft, achte auf die Seezeichen des Lebens, und es wird leicht sein, auch die nächsten Klippen zu passieren. Die Pforten zum Leben sind aufgestoßen, der Weg liegt vor dir, manchmal steinig, manchmal bequem, aber immer zu meistern.

Mir bleibt nichts übrig, als meinen *Glückwunsch* auszusprechen und zu sagen, daß meine besten Wünsche auch den weiteren Lebensweg begleiten. Und *darauf* wollen wir trinken. (Siehe auch Seite 55)

Verlobung

Errötend folgte er ihren Spuren, bis es ihm gelang, sie mit einem Ring fest an sich zu ketten. Zwei Menschen haben sich verlobt. Sie haben ein *Verlöbnis* geschlossen, sich ihr *Wort verpfändet* — und diesen Entschluß diktierte ihnen die *Liebe*, die größte Macht auf Erden. Alle Himmel stehen offen, die Zukunft liegt in hellstem Sonnenlicht ... Vergeßt nur nicht, daß euch der *Alltag* erwartet und ihr mit einem *Menschen* verbunden seid und nicht mit einem *Gott*, der *fehlerlos* über diese Erde wandelt. Habt ihr *Vertrauen* zueinander, kann euch von nirgendwo Gefahr drohen. Und noch eines vergeßt nicht: Ihr habt das *Glück* nicht in *Erbpacht* genommen, ihr müßt es euch immer wieder aufs neue *erringen* — und *das* könnt ihr nur *gemeinsam*. *Geteiltes* Leid ist *halbes* Leid, geteilte *Freude* aber zählt *doppelt*. An die Stelle des „*ich*" tritt das „*wir*". Auf der Erde gibt es immer *zwei* Menschen, die füreinander bestimmt sind. Ich bin *sicher*, daß es bei *euch zutrifft*. Faßt das *Glück* mit *beiden Händen*, haltet es *fest* — nur *so* gehört es euch. Für *immer*. Und *darauf* laßt uns anstoßen. (Siehe auch Seite 62)

Hochzeit

Hochzeit kommt von hohe Zeit. Es ist die große Zeit im Leben, der Punkt, an dem wirklich eine *neue Epoche* beginnt, hinter der alles andere verblaßt. Zwei Menschen haben den *Bund* für das *Leben* geschlossen, haben sich gelobt, den Weg, der vor ihnen liegt, *gemeinsam* zu gehen, sich zu *helfen*, zu *unterstützen* — zu *lieben*. Heute erfüllt sich der Sinn unseres Lebens, wie ihn uns die Natur vorgeschrieben hat. Ihr, das Brautpaar, seid *Werkzeuge* eines *Höheren*, der euch leitet. Zwar seid ihr zwei *verschiedene* Menschen, aber so wie *zwei Töne* einen *harmonischen Zweiklang* ergeben können, wenn sie sich nur richtig ergänzen, so sei euer Leben wie eine *Harmonie*, ein *Zusammenklang der Herzen*. Heute schreibt ihr die e r s t e Seite des Buches, das euer Leben heißt. Es hängt von e u c h ab, wie die n ä c h s t e n Seiten aussehen werden: h e i t e r oder e r n s t, f r e u d v o l l oder s c h w e r m ü t i g. Das Schicksal gibt sich selten in die Hand des Menschen. An diesem Tag habt ihr es gepackt. Laßt uns darauf anstoßen, daß ihr etwas R e c h t e s damit anzufangen wißt und es s o formt, wie ihr es euch wünscht. (Siehe auch Seite 62)

Hochzeitsjubiläen

(Die kupferne, silberne, goldene, diamantene Hochzeit sind echte Meilensteine in unserem Leben. Das Jubelpaar erwartet natürlich, daß ein enger Verwandter das Wort ergreift, um diesen Tag zu würdigen. Hier ein Vorschlag für eine solche Rede.)

Das Rad der Weltgeschichte hat sich schon ein schönes Stück gedreht, seit unser Jubelpaar vor den Altar getreten ist. Vieles in der Welt hat die Krisen n i c h t überstanden, ist z e r b r o c h e n, z e r f a l l e n, v e r w e h t. Es war nicht auf festem Grund erbaut. Wie a n d e r s sieht es h i e r aus! Ein langer, gemeinsamer Weg liegt hinter dem Jubelpaar, ein Weg oft dornig und voll vergeblicher Hoffnungen, ein Weg oft mühsam und beschwerlich, aber sie haben ihn gemeistert. Eben w e i l sie ihn g e m e i n s a m gingen, Hand in Hand. So wird es auch in Z u k u n f t sein, denn beide haben erfahren, daß es nichts S c h ö n e r e s auf der Erde gibt als die Z w e i s a m k e i t, die V e r a n t w o r t u n g nicht nur für s i c h s e l b s t, sondern auch für den a n d e r e n. Einer solchen Aufgabe ist man nur durch die L i e b e gewachsen. Möge sie auch in den kommenden Jahren bei euch immer der Dritte im Bunde sein. Darauf leeren wir unsere Gläser. (Siehe auch Seite 62)

Muttertag

(Es ist Brauch geworden, daß man der Mutter einen besonderen Ehrentag widmet, die Frau soll geehrt werden, der man das Leben verdankt, die still und ohne Aufheben tagaus tagein sich in der Sorge aufreibt. Ihr Platz wird geschmückt, die Arbeit wird ihr abgenommen, kleine Geschenke bereiten ihr eine Freude, alle lassen sie die Liebe und Verehrung spüren. Wenn sie jemand zukommt, dann der Mutter. Wenn die Familie versammelt ist, wird das Wort an sie gerichtet.)

Ich weiß, daß du nicht gern im Mittelpunkt stehst. Ich weiß auch, daß du große Worte nicht liebst und deine Arbeit wie eine

Selbstverständlichkeit tust. Da wir sie oft auch als etwas S e l b s t v e r s t ä n d l i c h e s nehmen — wir n e h m e n immer nur, während du g i b s t —, müssen wir wenigstens an d i e s e m, deinem E h r e n t a g, unserer D a n k b a r k e i t Ausdruck geben. L i e b e kann man nicht aufrechnen. Man kann nur dafür d a n - k e n. D u hast uns das L e b e n geschenkt, d i c h aber hat G o t t u n s gegeben. Du hast gehofft, wo wir verzweifelten, du hast g e - w a c h t, wenn wir k r a n k waren und im Fieber schliefen, du hast g e h u n g e r t, wenn wir a ß e n, du hast g e w e i n t, wenn wir ü b e r m ü t i g waren, du warst m u t i g, wenn wir uns feige duckten, du hast g e a r b e i t e t, wenn wir f e i e r t e n. Wenigstens e i n m a l im Jahr laß es zu, daß es u m g e k e h r t ist.

In den Geschichtsbüchern lesen wir von den G r o ß e n, den F e l d h e r r e n und K ö n i g e n, S t a a t s m ä n n e r n und E r o b e r e r n. Ihre Namen kennt j e d e r. Und doch waren sie n i c h t s ohne ihre Mütter. Die Liebe einer M u t t e r — und das ist wie ein W u n d e r — t e i l t nicht zwischen den Kindern, sie v e r v i e l f ä l t i g t sich.

Weil Gott nicht alles a l l e i n machen wollte, deshalb schuf er M ü t t e r, deshalb gab er d i c h u n s. D a f ü r wollen wir i h m und d i r heute danken. (Siehe auch Seite 44)

Geburtstag

Wir feiern im Laufe des Jahres v i e l e Feste: Ostern, Pfingsten, Weihnachten . . ., aber diese Feste gehören a l l e n Menschen.
Der G e b u r t s t a g aber ist d e i n ganz spezieller Festtag. Deshalb wollen wir ihn auch aus all den anderen besonders herausheben. J e d e r von uns bedarf guter W ü n s c h e, die aus e h r - l i c h e m H e r z e n kommen. Daran erkennt er, daß er nicht einsam den Weg durchs Leben zu gehen braucht, daß andere auch an i h n und s e i n e Sorgen denken.

Dieser Tag soll dir n u r Freude bringen, er soll noch lang in deinem Herzen widerklingen! Die Gedanken der Freunde und Verwandten, die nicht h i e r sein können, finden heute den Weg hierher und treffen sich bei d i r. Und ist es nicht ein schönes Gefühl zu wissen, daß man einen b e v o r z u g t e n Platz im Herzen v i e -

ler Menschen einnimmt? Für das Geburtstagskind ist der Tag meist eine Rückschau auf das vergangene Lebensjahr, auf Erreichtes und Errungenes. Möge dir das nächste Jahr die Erfüllung all dessen bringen, was du dir wünschst, denn wir, die Gratulanten, haben das Vorrecht, nur an die Zukunft zu denken und unsere Wünsche ihr zu widmen. Daher: Viel Glück und viel Segen auf all deinen Wegen!

Ansprachen zu Jubiläen

Das Jubiläum eines Vereins — und sei er noch so klein — wird immer in feierlicher Form begangen. Zwar haben die Ansprachen immer nur den einen Sinn: Die Vereinsarbeit seit der Gründung zu würdigen. Aber die Ereignisse in den Clubs, Vereinen, Verbänden sind doch so verschieden und wechselhaft, daß wir nur ein Schema geben können, das beliebig variiert werden kann. Die Ansprachen können leicht zu einer „großen Festrede" ergänzt werden, wenn der Redner die Vereinschronik zu Hilfe nimmt und einen Überblick über die Geschichte des Vereins in zeitlicher Aufeinanderfolge gibt. Dabei sind besondere Ereignisse herauszustreichen (wie z. B. errungene Preise, verdienstvolle Mitglieder, große Feste, die besucht oder gar veranstaltet wurden, u. a. m.). Allerdings soll nicht die ganze Vereinsgeschichte gewürdigt werden, sondern es genügt ein Abriß, eine gedrängte Zusammenfassung, damit das Interesse der Zuhörer nicht erlahmt.

Jubelfest im Sportverein

„Die Zivilisation hängt nicht so sehr davon ab, was wir während der Arbeit, sondern was wir in unseren Mußestunden tun. Wir müssen dem Volk den Weg weisen, diese Mußestunden am besten auszufüllen. Und niemand wird daran zweifeln, daß er zum Sportplatz führen wird." Diese Worte sprach ein Mann, dem unser deutsches Volk viel in seinen Notzeiten zu verdanken hatte. Es war Präsident Hoover (sprich: huhwär). Nichts anderes schwebte den Gründern unseres Vereins vor, als sie unseren Sportverein ins Leben riefen, dessen Jubelfest wir heute begehen. Uns alle erfaßt eine Woge des Stolzes, wenn wir in der Chronik unseres Vereins blättern, wenn wir uns an die großen Erfolge in fairen (sprich: fehren) Wettkämpfen erinnern, wenn wir an die Notzeiten denken, die auch an unserem Verein nicht spurlos vorübergingen, und mit Freude sehen konnten, wie alle in Kameradschaft zusammenstanden und die Schwierigkeiten meisterten.

Seit dem Bestehen unseres Vereins hat sich das Weltbild geändert. Unsere Ziele dagegen blieben die alten. Und was den Gründern vorschwebte, gilt auch für die Zukunft. Wir alle haben uns in den Dienst der großen Aufgabe gestellt, die unseren Mitgliedern Gesundheit, Lebensfreude, Gemeinschaftssinn geben soll, die das Leistungsstreben in gesunde Bahnen lenken und besonders die Jugend reif machen soll für die großen Aufgaben, die einst an sie gestellt werden. Und gibt es eine schönere Aufgabe als diese? Daher schließe ich mit dem Gelöbnis, daß unser Verein die nächsten Jahre seiner Geschichte in dem gleichen Geist schreiben wird, wie er die freiwillig übernommenen Aufgaben in den vergangenen Jahren erfüllte. Der Stolz auf unsere errungenen Siege kann uns nicht von unserem Hauptziel ablenken, nämlich der Breitenarbeit zum Segen unserer Jugend und damit der Zukunft unseres Volkes. (Siehe auch Seite 50)

Jubiläum der Freiwilligen Feuerwehr

„Wohltätig ist des Feuers Macht, wenn sie der Mensch bezähmt, bewacht! Doch wehe wenn es losgelassen ...“ Das ist dann die Stunde, in der wir uns immer wieder aufs neue bewähren müssen, um zu helfen, Hab und Gut zu retten, Menschenleben zu bewahren. Gibt es ein größeres Ziel als das, das wir uns gesteckt haben? Als vor ... Jahren unsere Freiwillige Feuerwehr gegründet wurde, da wußte jeder der Gründer, daß ein Instrument der Sicherheit für unsere Mitbürger, für die Allgemeinheit geschaffen wurde, da wußte auch jeder, welch aufopferungsvoller Tätigkeit er sich verschrieb. Die Feuerglocke richtet sich nicht nach Tag und Stunde. „Jederzeit bereit“ ist oft eine nicht gerade bequeme Losung. Wenn jedoch das Haus des Nachbarn brennt, ist auch das eigene in Gefahr. Daher ist unsere Feuerwehr direkt ein Symbol für das Wort Gemeinschaft. Nicht nur, daß ein festes Band der Kameradschaft alle Angehörigen unserer Wehr umschließt, zusammengeschweißt durch harte Übung und opferbereiten Einsatz, sondern das Entscheidende war immer unser Wille, dem Ganzen zu helfen, Eigentum und Leben zu schützen. Daß meine Worte nicht leeres Gerede sind, beweist die Zahl unserer Einsätze. Wir sind mit Recht stolz darauf, was wir geleistet haben, wir sind stolz auf die Geschichte unserer Wehr, aber wir wünschen, daß der Feuerruf bei uns nicht zu erklingen braucht. Wenn wir aber gerufen werden, wir sind immer bereit!

Jubiläum eines Gesangvereins

„Drum soll der Sänger mit dem König gehen, sie beide wohnen auf der Menschheit Höhen", läßt Schiller König Karl in der „Jungfrau von Orleans" sagen. Beide sind aus dem Alltag herausgehoben, beide fühlen sich gleichsam erhoben über das Kleinliche und Gewöhnliche, beide sind etwas Besonderes: Der König und der Sänger. Aus dem Alltag herauszutreten, sich eine neue Welt im Lied zu erschließen, das war wohl der Wunsch, der die Männer bewegte, die unseren Gesangverein gründeten. Und welch köstliche Stunden, welche Bereicherung unseres Lebens brachten sie uns damit! So wie wir lernten, daß nur eine vollendete Harmonie dem Lied den rechten Klang verleiht, so begriffen wir bald, wie man die Gesetze der Musik ins Leben übertragen muß, um vollendete Harmonie auch dort zu spüren und zu genießen. Und ein weiteres gesellt sich hinzu: Nicht nur wir erlebten die Freude des Gesanges, wir haben durch unseren Gesang anderen Freude bringen können. Ist das nicht manche Übungsstunde wert gewesen?

Unser Verein war in all den Jahren seines Bestehens so etwas wie eine Insel im brandenden Strom der Zeit, wie eine stille Oase, in der unser Volksgut eine Stätte der Pflege fand. Welches Volk kann sich eines solchen Liedgutes rühmen wie das unsere? Welch ein großer Bogen spannt sich vom Minnelied des Mittelalters bis zum Kunstlied von heute, welch ein Bogen vom Spielmann aus der deutschen Sage bis zu uns, die wir immer durch das Empfinden und Erfühlen unserer Lieder unser Ohr am Herzen des Volkes haben. Und ist das nicht eine herrliche Aufgabe für einen Zusammenschluß Gleichgesinnter, Volksgut zu bewahren, Freude zu geben, Deutschl a n d , seine Wälder und Meere, seine Burgen und Ströme, seine Berge und seine Menschen zu besingen? Das war der Sinn unseres Vereins, das soll er auch immer bleiben. Deutschland, so sagt man, ist das Volk der D i c h t e r und D e n k e r. Es wäre nicht falsch, würde man den Spruch abwandeln und sagen: Deutschland — Land der Dichter und S ä n g e r.

Wenn nun unser Lied erklingt, dann ist es ein Geburtstagslied für unseren Verein, dem wir alle viel verdanken, der uns viel gegeben hat. Möge er blühen und gedeihen, mögen in ihm immer die Dinge hochgehalten werden, die der Dichter des Liedes der Deutschen zitiert, dann wird unsere Zukunft g l ü c k h a f t sein: Deutsche F r a u e n, deutsche T r e u e, deutscher W e i n und deutscher S a n g! (Siehe auch Seite 53)

Jubiläum eines Theatervereins

Dem Mimen flicht die Nachwelt keine Kränze — das ist ein Wort, das W a h r h e i t und U n w a h r h e i t zugleich in sich birgt. W a h r h e i t, weil der Einzelne, der die Sprache der Kunst vermittelt, vielleicht vergessen wird, U n w a h r h e i t, weil die Sprache der Kunst unvergeßlich ist. Wir, die wir heute das ... jährige Jubiläum unseres ... feiern, haben die Sprache der Kunst nicht vergessen. Wir lassen sie immer wieder ertönen. Wir w i s s e n, was dieses „Ertönenlassen" für uns und diese Welt bedeutet. Es soll daran gemahnt werden, das W a h r e, S c h ö n e und G u t e nicht zu vergessen. Wir haben uns unterfangen, in Wort und Geste alles das wach zu erhalten, was die Welt in ihrem seelisch-moralischen Bezirk zu verwahren hat. Wir haben der Welt kein Theater vorgemacht, wie sie uns manchmal. Wir haben sicher oft ein b e s s e r e s Theater gemacht. Über a l l e Zeiten hinweg spannt sich der Bogen der Liebe zur Kunst. In guten und schlechten Jahren der Vergangenheit gab es Menschen, die das Theater, die Musik und den Tanz um ihrer selbst willen liebten. So ist unser Jubiläum eigentlich gar kein ... jähriges, sondern ein nach Jahrtausenden zählendes. Gerade in dieser Zeit der Unruhe kommt dem Spiel auf der Bühne eine besondere Bedeutung zu. Es kann das Bleibende, den tiefen Wert menschlichen und göttlichen Handelns aussagen. Es kann Ausdruck des Wahren, Schönen, Guten sein. Es hebt uns aus dem Alltäglichen heraus, so wie wir unsere Gäste, wenn sie unserem Spiel zuschauen, aus der Welt des Alltags lösen, ihnen Freude und Entspannung geben, sie mit unseren Dichtern bekannt machen, das Erlebnis auf der Bühne zum wahren Erleben gestalten. Ein Ziel, das wir immer verfolgt haben, ein Ziel, das wir uns auch für die Zukunft stecken. Dieser Geburtstag unseres Vereins ist nur einer von vielen in der langen Reihe, die wir noch zu feiern gedenken. Daher gilt mein letztes Wort einem Wunsch für die Zukunft: Das deutsche Wort, der Dichter und sein Werk sollen bei uns immer eine echte Heimstatt finden.

Jubiläum eines Betriebes

„Saure Wochen — frohe Feste", sagte Goethe. Und sein Wort paßt eigentlich nirgendwo so gut wie zur Feier eines Betriebes. Menschen, die Tag für Tag nebeneinander arbeiten, finden nur bei besonderen Anlässen Gelegenheit, den Federhalter mit dem Weinglas zu vertauschen. Dieser besondere Anlaß ist heute da: Wir feiern das Jubiläum unseres Betriebes. Ohne unsere Arbeitskraft wäre der Betrieb nicht möglich, aber was wären wir, wenn es ihn nicht gäbe? Welche Atmosphäre in einem Betrieb herrscht — und wie wichtig ist das richtige Betriebsklima! —, das merkt man daran, wie er zu feiern versteht. Und ist der Geburtstag unseres Betriebes kein Grund dazu? Der Prokurist hat seinen Titel in der Schreibtischschublade gelassen, der Lehrling braucht nicht die Augen niederzuschlagen, wenn der Chef erscheint — vielleicht ist er ihm heute sogar überlegen, wenn es um den 1. Preis auf dem Tanzparkett geht.

Heute ist hier jedes Thema erlaubt, nur kein geschäftliches. Eine Ausnahme lasse ich zu: Wenn einige Worte dem Geburtstagskind gewidmet werden. Die große Diskussion über das Manko in der Portokasse ist genauso vertagt wie das Thema der Neuordnung der Absatzstatistik. An diesem Tag sollen andere Saiten anklingen, menschlichere, kameradschaftlichere. Vielleicht beginnt bei dieser Feier der eine den anderen mit neuen Augen zu sehen, lernt ihn schätzen — das wäre ein vorzüglicher Beitrag zur Betriebspsychologie und damit zur Verbesserung des Arbeitsklimas.

Wir sind wie eine gut eingespielte Maschine. Eine Maschine muß aber ab und zu auch geölt und überholt werden. Meist dann, wenn sie eine gewisse Zeit in Betrieb war. Das Jubiläum unserer Firma hat uns daran gemahnt, daß es wieder einmal an der Zeit ist. Das ist auch ein Zweck unserer Feier.
Es bleibt nur noch übrig, dem Betrieb die besten Wünsche für die nächsten Jahre mit auf den Weg zu geben. Möge er wachsen und blühen, möge die Leitung eine glückliche Hand haben, möge aus Betriebsangehörigen eine echte Mannschaft werden. (Siehe auch Seite 46)

Festreden für alle Gelegenheiten

Jeder Verein will wenigstens einmal im Jahre seine Mitglieder und Freunde außerhalb des Vereinsbetriebes zu einem bunten Abend vereinen, zu einigen Stunden, in denen Heiterkeit und Frohsinn herrschen, in denen ein Programm geboten wird, das lustig ist und den Alltag vergessen läßt. Wie man einen solchen Abend gestaltet, verrät das im gleichen Verlag erschienene Buch „Trag vor mit Humor", aus dem wir anschließend drei Begrüßungsansprachen für heitere Abende bringen. Denn auch dabei kann auf die Rede nicht verzichtet werden.

Bei einem Winzerfest

Wenn das Wasser vom Rhein goldner Wein wär', wie es in einem alten Weinlied so schön heißt, dann hätten wir uns die Arbeit der Beerenlese schenken können. Aber, Gott sei Dank, ist es nicht so. Es gäbe dann ja auch nur eine einzige Weinsorte und der köstliche Tropfen, der hier bei uns wächst, würde nicht durch die feinempfindlichen Kehlen seiner Bewunderer fließen können. Ein altes Sprichwort heißt: „Edel sei der Mensch, hilfreich und gut". Ich möchte das heute abwandeln und sagen: „Edel sei der Wein, süffig und voller Duft". Und so wie Ihnen der edle Tropfen unserer Heimat mundet, genauso soll Ihnen das Programm eingehen, das wir Ihnen heute bieten möchten. Was Sie hier sehen, ist eine wirkliche Naturtrockenbeerenspätlese und kein verpanschter offener Flaschenwein. Die Nummern unseres Programms sind wie die Stationen der Weinkarte eines gepflegten Hauses. Und deshalb — hoch die Gläser und auf den Vorhang! (Siehe auch Seite 70)

Bei einem Sommerfest

Welch eine Jahreszeit ist m e h r geeignet, ein Fest zu feiern, als der S o m m e r ? Diese Zeit, die die Menschen aus ihren Stuben hervorlockt, diese Zeit, in der die Natur wie ein großer Schwamm die Menschen anzieht und wo alles Blühen und Gedeihen uns kleine Erdenbürger in seinen Bann zieht. Wenn d a s kein Grund zum Feiern ist, dann weiß ich nicht, wo man einen besseren finden sollte. Die einen feiern den Geburtstag Karls des Kahlen, die anderen das 27½jährige Bestehen ihres Skatclubs und w i r feiern ganz einfach — d e n S o m m e r. Der Sommer hat etwas, worum ihn die anderen Jahreszeiten beneiden: das r e i n i g e n d e Gewitter, den B l i t z und den D o n n e r s c h l a g. Unser Programm wird Schlag auf Schlag wie ein hochsommerliches Gewitter einschlagen und die Sterne unseres Programms werden l e u c h t e n wie z ü n d e n d e Blitze (im Hintergrund imitiert die Kapelle mit der großen Trommel ein fernes Grollen). Hören Sie, meine Damen und Herren, das Gewitter kündigt sich von ferne an. Und nun, Vorhang auf für den ersten zündenden Blitz!

Bei dem Fest eines Gesangvereins

Wo man singt, da laß dich ruhig nieder, böse Menschen haben kein Klavier, Verzeihung, haben keine Lieder. Der Mann, der diesen Satz geprägt hat, war zweifelsohne ein Menschenkenner. Daß in unserem Verein nicht nur beim Gesang, sondern auch im geselligen Kreis Harmonie herrscht, hat sich langsam in unserer Stadt herumgesprochen. Vom Pianissimo des die-Treppe-hinauf-Schleichens nach dem Gesangsabend bis zu dem daran anschließenden Fortissimo unserer lieben Ehefrauen beim späten Empfang ist alles vorhanden. Doch ich weiß, daß unsere F r a u e n für unsere Gesangsstunden v o l l e s V e r s t ä n d n i s haben. Schließlich wirken sich ja auch unsere Übungsabende e r f r e u l i c h auf das eheliche Zusammenleben aus, denn Sänger sind keine Duckmäuser und auch im Leben fröhlich. Daß unsere Sänger aber noch m e h r können als nur singen, das wird Ihnen das Programm des Abends zeigen. Zwar muß der vorgesehene Clou (sprich: Kluh) des Abends, ein Balanceakt unseres Sangesbruders ... (folgt der Name des korpulentesten Vereinsmitgliedes) auf dem Taktstock unseres Chormeisters unterbleiben, da beim letzten Trainingsabend der Stock zerbrach, aber dennoch wird ein ausgezeichnetes Programm mit vielen Überraschungen prestissimo an uns vorüberbrausen. Daß der Beifall für unsere Künstler allegro molto sein wird, dessen bin ich gewiß. Und nun vivace, vivace, mitten hinein in unseren Abend! Ich wünsche Ihnen allen recht viel Vergnügen. (Siehe auch Seite 53)

Ansprache zu einem Maskenball

Der Scherz ist unerschöpflich, nicht aber der Ernst. Und der verlorenste aller Tage ist der, an dem man nicht gelacht hat. Heute wollen wir den ganzen Nachholbedarf an Lachen, Frohsinn, Freude, Ausgelassenheit der letzten Monate decken. Wir wollen einmal zeigen und erleben, daß wir nicht nur im Beruf und im Vereinsleben unsere Aufgaben erfüllen, sondern daß wir auch zu feiern verstehen.

Die Voraussetzung eines echten karnevalistischen Treibens ist die Maske, das Inkognito. Jeder schlüpft in eine neue Haut — mancher wünscht, es auch im Alltag zu können — und ist nicht mehr Schneider, Sekretär, Buchhalter oder Beamter, sondern stürzt sich als tätowierter Seemann oder Cowboy (sprich: kauboi) ins brausende Leben.

Deutschlands großer Philosoph Schopenhauer, der das Leben wohl kannte, meinte: „Der Heiterkeit sollen wir, wann immer sie sich einstellt, Tür und Tor öffnen, denn sie kommt nie zur unrechten Zeit!" Er hat recht! So wie wir essen und trinken müssen, so brauchen wir das Lachen und die Freude als Lebenselixier. Sogar unsere Vorfahren wußten das genau. Als 1789 der Doge (sprich: dohsche), der Staatschef der Republik Venedig, im Sterben lag — es war gerade Karneval —, da sagte er: „Laßt mich leise aus der Welt scheiden, damit wir Venedig nicht im Karneval stören!" Da kann ich nur sagen: er wußte, was seine Untertanen brauchten. Da ich nicht weniger Sinn dafür habe, bleibt mir als Vereinsvorsitzendem nur noch übrig, meinen „Untertanen" so schöne Stunden zu wünschen, daß sie noch lange davon zehren können. Ein Glück, daß in dieser oft so tristen Welt die Freude und der Frohsinn nicht aussterben! (Siehe auch Seite 42)

Rede auf die Damen

(In jedem festlichen Kreis sollte eine kleine kurze Ansprache den Damen gewidmet werden. Das ist ein alter Brauch, der wirklich seine Berechtigung hat und den Damen die Reverenz erweist, die ihnen zukommt.)

Es gibt in unserem Leben zwei Begriffe, die sich nicht trennen lassen: Frauen und Liebe. Und was wäre unser Leben ohne sie? Es wäre öde und leer. Nicht anders ist es heute. Ohne unsere Damen gliche dieses Fest einer Trauerversammlung. Daß es nicht so ist, verdanken wir ihnen. Sie sind wie die Sterne am dunklen Firmament, wie die Blumen auf einer Wiese — herausgehoben aus ihrer Umgebung, und sie sind mit einer geheimnisvollen Kraft ausgestattet, auch uns Männer, die wir uns so gerne Herren der Schöpfung nennen hören, herauszuheben aus dem Grau des eintönigen Alltags. Kein Wein, und sei er noch so edel, kann uns in die Stimmung versetzen, in die uns eine Frau mit einem Augenaufschlag bringt. Wenn dieses Fest gelingt, dann deshalb, weil unsere Damen es verschönen. Und so hebe ich mein Glas und sage: Meine Herren — auf das Wohl der Damen!

Ansprache auf einem Schützenfest

Wenn unsere Schützengilde aufmarschiert und sich zu einem Fest in echter Schützenkameradschaft vereint, dann ist es gut, sich einmal auf die Tradition zu besinnen, die die Schützen in allen deutschen Landen hochhalten. Die Schützenvereinigungen sind Zeugen des wehrhaften Sinns unserer Vorfahren. Feste Mauern um Stadt und Dorf sind nie ein Schutz gegen kriegerische Zeiten gewesen, wenn nicht echte Männer auf den Zinnen und Türmen mit fester Hand Armbrust und Büchse umspannt gehalten hätten. Aus dieser Tradition eines wehrhaften und starken Bürgertums sind wir entstanden, getreu dem Spruch: Mit Herz und Hand für's Vaterland! War der Schutz der Stadt einst reiner Selbsterhaltungstrieb, so ist heute das Schützentum eine wahre Schule echten Männertums! Die Waffe war immer das Zeichen der Herren und Freien. Wer heute mit ruhiger Hand über Kimme und Korn das Ziel anvisiert und dann ins Schwarze trifft, wird auch im Leben klar und unbeirrt, ohne krumme Wege einzuschlagen, seinen Weg gehen. So wie eine Kugel, die den Lauf verläßt, gerade auf das Ziel fliegt, so wird der rechte Schütze immer dem gesteckten Ziel zustürmen. Dabei schult er bei uns sein Können, und wenn ihn das Vaterland einmal ruft, wird es ihn bereit finden, getreu unserer Tradition, getreu unserem Wesen. Nie aber ist der Schütze ein Einzelwesen. So wie heute hier, so umgibt ihn immer der Kreis seiner Kameraden, nimmt er teil an der Tugend, die am höchsten zählt, an der Kameradschaft, in der einer für alle, aber auch alle für einen einstehen. Das gerade macht mich stolz, denn nicht vielen Menschen ist es vergönnt, vor einer so eingeschworenen Gemeinschaft zu sprechen, die heute noch erweitert ist durch unsere Freunde und Gönner. So wünsche ich diesem Fest einen glänzenden Verlauf, mögen auch diese Stunden ein glatter „Zwölfer" sein!

Rede auf den Schützenkönig

Vereine und Clubs haben ihre Meister, können nur diesen Titel vergeben. Allein wir Schützen haben das alte Recht, einem aus unserer Mitte die Königswürde zu verleihen. Ein schwerer und harter Kampf entscheidet darüber, wer für ein Jahr diesen Titel trägt, der Ehre und Verpflichtung zugleich ist. Der beste Schütze wird zur Majestät gekürt, erhält eine Würde, angemessen dem Schuß, der über den Sieg entschied: Es war ein echter Königsschuß. Unsere Huldigung für den neuen König bringen wir in einem dreifachen Hoch aus! Unser König — er lebe — hoch — hoch — hoch!

Ehrung für eine siegreiche Mannschaft

Die Krone aller Sportarten ist der Mannschaftssport. Nirgendwo findet das Wort „Einer für alle — alle für einen!" so seine Verwirklichung wie gerade hier. Der Einzelne ist nichts, die Mannschaft ist alles. Im Clubhaus eines großen und seit Jahrzehnten berühmten deutschen Fußballclubs, der sich schon mehrfach in die Liste der Deutschen Meister eintrug, steht folgender Spruch: Ihr müßt elf Kameraden sein, wenn ihr siegen wollt! Ihr, die ihr hier vor mir steht, seid Kameraden, seid Freunde, deshalb ist euch auch der

Sieg wie eine Frucht dieser Freundschaft zugefallen. Dieser Sieg ist ein Triumph des *Mannschaftsgeistes*, ein Sieg aber auch des *Einzelnen* über sich *selbst*, ein *Einordnen* in das Ganze. Hier offenbart sich eines der großen Geheimnisse des Sports, aber auch sein vielleicht *entscheidender Wert*: Wer sich in eine *Mannschaft* einfügt, achtet den *Nebenmann*, ohne den er auf sinnlosem Posten stünde. Wer den *Kameraden* aber *achtet*, wird auch im *Gegner* den fairen *Sportfreund* sehen. Und es ist die Aufgabe des Sports, diese gegenseitige Achtung über die Platzgrenzen hinaus ins Leben zu übertragen. Dafür seid ihr ein *Beispiel*, ein *Vorbild*. Und aus diesem Grunde wiegt euer Erfolg besonders schwer. Dazu spreche ich euch meine *Anerkennung* aus und verbinde das mit den besten Wünschen für die Zukunft. Mögen euch auch die nächsten Wettkämpfe *siegreich* sehen.

Ansprache zu einem Richtfest

Es war ein langer Weg von *dem* Tag, als der erste Stein in den Boden gelegt wurde bis zu dieser Stunde, da das Haus bereits seine geplante *Gestalt* angenommen hat und der *Richtkranz* lustig im Wind weht. Ein Richtfest ist ein Freudentag. Zwar können Regen und Wind noch in das Haus hinein, zwar sind die Wände noch roh und unansehnlich, aber das Haus steht bereits in seiner *ganzen Größe* da, ein Zeichen des *Fleißes* der Arbeiter, ein Zeichen *stolzen handwerklichen Könnens*. Jetzt ist der Tag nicht mehr *fern*, da das Gebäude seiner Bestimmung übergeben und zu einem Baustein in dem großen Wiederaufbauwerk wird. Möge diesem Haus eine *gute* Zukunft beschieden sein, möge es nur Zeiten des *Friedens* erleben, möge der Hergott all seinen Segen darauf ruhen lassen. Feuer und Bomben, Krieg und Elend mögen es *verschonen*, *glückliche Menschen* sollen allzeit darin wohnen. (Siehe auch Seite 65)

Ansprache zu einem Sportfest

In der Zeit der Olympischen Spiele stellten die griechischen Stämme ihre Kriege ein und fanden sich im heiligen Olympia friedlich und froh zu schöneren Wettkämpfen zusammen. Wenn Olympia rief, herrschte in ganz Griechenland Friede. Dieses Ideal schwebte dem französischen Baron Coubertin (sprich: kuhbertäng) vor, als er kurz vor der Jahrhundertwende wieder olympische Spiele ins Leben rief. Er wollte Frieden für die Welt, wollte Kämpfe, aber friedliche, auf dem grünen Rasen und der Aschenbahn. „Ich rufe die Jugend der Welt", steht auf der Olympia-Glocke in Berlin. Wir haben die Jugend ebenfalls zu sportlichen Wettkämpfen gerufen. Zwar ist unser Kreis kleiner, sind unsere Leistungen noch nicht olympiareif, aber der Sinn unserer Wettkämpfe ist der gleiche. Zwar geht es um Sieg und Lorbeer, aber denkt an das Wort des Gründers der modernen Olympischen Spiele: Nicht der Sieg, die Teilnahme ist entscheidend!

Wenn sich die Jugend der Völker versteht, dann muß in Zukunft der Kriegsgott Mars schweigen. Jeder Wettkampf ist ein Baustein für den Frieden. Er gibt der Jugend die Ideale, die sie zu ihrer Entwicklung braucht. Er gibt ihr aber auch die Gesundheit, die Kraft, die Lebensfreude, damit sie die Aufgaben meistert, die man ihr stellt. Daher sei unser Ziel ein „Volk in Leibesübungen" und unser heutiges Sportfest ein Baustein an diesem großen Gebäude! (Siehe auch Seite 50)

Rede zum Erntedankfest

Wir Bauern feiern diesen Tag nach langer schwerer Arbeit mit einem besonderen Gefühl der Dankbarkeit für den Segen dieses Jahres. Dieses Fest ist wie ein Dankgebet, aber auch wie ein Freudenchoral, der den Dank für die reiche Frucht des Jahres zum Ausdruck bringen soll. Alles Wachsen und Gedeihen liegt in Gottes Hand, er schenkt uns das tägliche Brot, verleiht unserer Arbeit erst den Segen. Es ist unsere Aufgabe, unserem Volk das Brot zu erarbeiten. Jetzt ist das Werk getan, die Scheuern sind gefüllt, die Not und der Hunger sind gebannt. Jetzt ist es auch Zeit, nach der schweren Arbeit froh zu sein. Erntekranz reimt sich am besten auf Tanz. Jetzt rufen der Frohsinn und das fröhliche Fest. (Siehe auch Seite 46)

Feierrede zu einer Fahnenweihe

Wenn sich das Tuch der Fahne entrollt, wenn sie im Wind flattert und ihre Symbole zeigt, ist sie nicht mehr gewöhnliches Tuch, dann wird sie zu einem Zeichen von hohem Wert. Das Wort Fahne hat in unserer Sprache eine besondere Bedeutung. Wenn unsere Jugend zur Verteidigung der Landesgrenzen aufgerufen wird, dann eilt sie zur Fahne, wenn sich die Fahne senkt, ist das die letzte Ehre, die einem Toten erwiesen wird, wenn wir durch die Straßen marschieren, weht sie uns voran, wenn wir uns zu einem Fest versammeln, schmückt sie den Raum. Sie ist unser Begleiter durch viele Jahre, wird uns sogar überleben und für kommende Generationen die Tradition verkörpern, an deren Anfang wir heute stehen. Zwar ist unsere Fahne kein Feldzeichen, keine Standarte, die uns auf die Wahlstatt begleiten soll, aber sie ist doch Ausdruck unseres Seins und unseres Wollens. Wer ihr die Treue hält, bleibt sich selbst treu. Wer ihr die Treue hält, bleibt unserer Sache treu. Wer sie in Ehren hält, der ehrt unsere Aufgabe, unser Tun, unsere Gemeinschaft. Die berühmte Nibelungentreue ist uns Deutschen heilige Verpflichtung. Bleiben wir unserer Fahne treu, dann braucht uns um die Zukunft nicht bange zu sein. Mag sie uns mehr in stolzen und freudigen Stunden voranschweben als in schweren und dunklen Tagen. (Siehe auch Seite 59)

Rede zu einer Turnhallenweihe

Das Haus ist errichtet, ein neues Heim für unsere Jugend geschaffen. Wo rechtzeitig Turnhallen stehen, braucht sobald kein Krankenhaus errichtet werden. Das ist keine neue Weisheit. Hier soll die Jugend stark und kräftig bei frohem Spiel und Turnen werden, widerstandsfähig und gewappnet für das Leben.

Turnhallen sind Denkmäler des Opfersinns. Fast überall schießen sie jetzt aus dem Boden. An allen Orten sind Männer am Werk, die auf Bequemlichkeit und Freizeit verzichten, um den Bau dieser Hallen durch ihren restlosen Einsatz erst zu ermöglichen. Die Hallen legen Zeugnis ab von dem Geist, der in dem Verein, der sie errichtet, herrscht. Er setzt sich selbst ein Denkmal. Die rechte Weihe wird diese Halle erst dann erhalten, wenn das Lachen froher Jungen und Mädel durch sie schallt, wenn die Gemeinde unserer Turner hier zu festlichen Stunden zusammenkommt, wenn sie erfüllt ist von Wettkämpfen und turnerischem Leben nach unserem Motto: Frisch, fromm, fröhlich, frei! So wird die neue Turnhalle zu einem Meilenstein in der Geschichte unseres Vereins werden. Die Chronik ist durch ein neues und würdiges Kapitel bereichert. Die Halle wird als steinerner Zeuge unserer Aufgaben der Mittelpunkt des Vereinslebens werden. Möge dieses Haus nur friedliche Zeiten erleben, möge es junge und starke Generationen heranwachsen sehen, möge es in die Zukunft künden von dem weitschauenden Blick der Männer, die dieses große Werk vollenden halfen. Alle Mühe, alles Geld, was in diesem Bau angelegt wurde, wird reichlich Zinsen tragen, denn es soll eine große Aufgabe erfüllen. Daß es gelingt, ist gewiß, denn das Baumaterial waren nicht nur Steine, Holz, Glas und Eisen, nein, es wurden auch die Liebe zum Werk und die Treue zur Aufgabe hineingemauert. Und das scheint mir ein starkes und festes Fundament zu sein. Großes Werk gedeiht nur durch Einigkeit. Hier steht der Beweis für diesen Wahlspruch des deutschen Turnens. (Siehe auch Seite 52 und Seite 65)

Ansprache in der Soldatenkameradschaft

(Diese Worte sind so abgestimmt, daß sie bei festlichen Zusammenkünften von Soldatenverbänden, Traditionsgemeinschaften, Kriegervereinen gebracht werden können.)

Wenn es eine echte Kameradschaft gibt, dann die, die an der Front zusammengeschweißt wurde. Das gemeinsame Fronterleben, bei dem alle Tünche und jede Maske abfällt, hat auch uns zu einer Gemeinschaft geformt, die sich auch nach dem Wehrdienst im Leben bewährt hat. Es ist unsere Aufgabe, in gegenseitiger Hilfsbereitschaft zusammenzustehen, die Tradition unseres ruhmreichen Truppenteils hochzuhalten, das Andenken unserer Kameraden, die unter dem Feldzeichen unserer Truppe fielen, zu bewahren, der Jugend zu zeigen, was Soldatenkameradschaft bedeutet und daß es ein Ehrendienst ist, wenn man aufgerufen wird, Heimat und Familie mit der Waffe in der Hand zu verteidigen. Wie Missionare müssen wir predigen und sprechen, um die Lauen im Lande wachzurütteln, ihnen zu sagen, daß unser Weg der richtige ist: Stärke durch Einigkeit, Frieden durch Stärke! Daher soll unser ganzes Streben darauf gerichtet sein, unser Volk einig und stark zu machen, uns selbst auf den Ernstfall vorzubereiten, damit der Feind uns bereit findet, wenn er an die Landesgrenzen pocht und unseren Heimatboden betreten will. Ein Heer muß nicht den Krieg wollen. Ein Heer kann ihn verhindern, wenn der Feind weiß, daß dieses Land keine leichte Beute wird. Daher denkt an unser toten Kameraden letztes Gebot:

Haltet das Werk am Leben,
dann ist kein Geopferter tot!

Rede zur Übergabe eines Preises

Ohne Fleiß kein Preis, heißt ein altes Sprichwort. Auch Preise, wie wir sie vergeben, verlangen Fleiß. Gerade das macht sie besonders wertvoll. Der Preis, den ich heute zu übergeben habe, soll nichts anderes sein, als eine sichtbare Anerkennung für eine Leistung, die wir alle als beispielhaft ansehen. Auszeichnungen sind gleichzeitig ein Ansporn zu neuen Taten, neuen Leistungen. In unserem Vereinsleben gehört die Verleihung einer solchen Auszeichnung nicht zu den Alltäglichkeiten. Sie ist etwas Besonderes, findet sie doch ihren Niederschlag in unserer Chronik, verbindet sie doch den Geehrten für immer mit der Geschichte unseres Vereins. In diesem Sinne übergebe ich den Preis, der einem wahrhaft Würdigen zufällt.

Tischrede des Hausherrn

Es ist für mich eine große Freude, daß Sie unserer Einladung folgten und ich Sie also auf das Herzlichste begrüßen kann. Die oft so banalen Zoologen sagen, der Mensch sei ein Herdentier. Ich möchte es nicht so prosaisch ausdrücken, sondern so formulieren: Der Mensch wird erst zum Menschen, wenn er sich im Kreise gleichgesinnter Freunde bewegt. „Hier ist er Mensch, hier darf er's sein", um mit Goethe zu sprechen. Deshalb laßt uns die Stunde, die uns so froh zusammengeführt hat, nutzen. Wir wollen unsere Gläser erheben und auf den Abend trinken. In dieser Stunde zwanglosen Beisammenseins wollen wir einander näher kommen, neue Bande der Freundschaft knüpfen. — So möchte ich einen alten deutschen Trinkspruch ausbringen:

Im Wasser kannst du dein Antlitz sehen,
im Wein der anderen Herz erspähen!

Tischrede eines Gastes

(Diese Rede hält ein enger Freund des Hauses, der meist bereits bei seiner Ankunft dem Hausherrn mitteilt, daß er auf seine Begrüßung antworten wird. Hat bereits ein Gast das Wort ergriffen, dann verzichtet man auf seine Rede, auch wenn sie noch so gut vorbereitet war. Eine Dankrede genügt.)

Für einen Freund dieses gastlichen Hauses kann es heute keine angenehmere Pflicht geben, als Hausfrau und Hausherrn herzlichst für die Einladung und die Worte der Begrüßung zu danken. Jeder, der an diesem Tisch sitzt, ist gern und in froher Erwartung dem Ruf gefolgt, weiß er doch die Ehre zu schätzen, unter den Auserwählten zu sein, die den Vorzug haben, hier einige fröhliche Stunden verbringen zu dürfen. Unser Dank gilt natürlich besonders der Dame des Hauses, auf deren Schultern die Hauptlast der Vorbereitung lag und die uns mit feinfühlender Hand durch diesen Abend lenken wird. Ich darf mein Glas erheben und damit den Gastgebern herzlich Dank sagen.

Weihnachtsansprache

Wenn draußen die Weihnachtsglocken läuten, wenn die Straßen leer und still, die Nächte lang und die Tage kurz sind, dann wird es hell in den Wohnungen der Menschen, aber auch in ihren Herzen, denn sie zünden die Kerzen an, singen die alten Lieder, beschenken einander — sie schicken sich an, das für uns Deutsche schönste Fest des Jahres zu feiern.

Liebe, Glaube und Hoffnung sind die Leitsterne, die in diesen Tagen mit ihrem Licht in Paläste und Hütten scheinen. Sie erfüllen die Herzen der Menschen, die plötzlich wieder in dem anderen den Bruder, die Schwester sehen. Aber Liebe, Glaube und Hoffnung sind nicht Begriffe für leere Gefühle, sie fordern die Tat. Das Weihnachtsfest ist das Fest des Friedens. Laßt uns ihm nicht mit hohlen Worten, sondern in echter Tat dienen. Die Vorsätze — schnell beim warmen Schein der brennenden Kerzen gefaßt — sollen nicht verlöschen, wenn die Lichter niedergebrannt sind, sondern uns das kommende Jahr hindurch begleiten. Eine Tat für den Frieden ist auch eine Tat gegen die Not. Ungezählte Millionen haben nicht den Baum, das Symbol dieses Festes, in ihrer Wohnung. Ihrer wollen wir nicht gedenken, das wäre eine Phrase, ihnen wollen wir helfen. So werden die Stunden, in denen die Lichter bis in unser Herz leuchten, nicht zu einer flüchtigen Besinnung, sondern zu einem festen Band, das uns alle umschließt, das die Schranken der Rassen, Anschauungen und sozialen Unterschiede, ja sogar die Grenzen der Länder niederreißt und schließlich das Wort zur Erfüllung bringen, das der Leitstern dieses Festes ist: Frieden auf Erden. (Siehe auch Seite 60)

Zweimal Silvester — heiter und ernst

Es ist eine schlechte Angewohnheit von mir, daß ich immer das letzte Wort haben muß. So auch in diesem Jahr. Genau 8760 Stunden liegen hinter uns, die gleiche Anzahl erwartet uns. In wenigen Minuten beginnt ein neues Leben mit frischgefaßten Vorsätzen, die ja bekanntlich dazu da sind, daß man sie umstößt. Aber es gehört für einen normalen Mitteleuropäer nun mal zum guten Ton, daß er sich mit Vorsätzen ins Neue Jahr herüberrettet. Ich möchte natürlich nicht gegen Sitten und Gebräuche verstoßen, und so gelobe ich denn, im kommenden Jahr nicht das letzte Wort zu behalten. De mortuis nil nisi bene, sagten die alten Lateiner. Über die Toten spricht man nur Gutes. Jetzt, da sich der Zeiger der Uhr der Zwölf nähert und damit dem alten Jahr ein Ende bereitet, wollen wir ihm bestätigen: Es hätte schlimmer sein können. Dem Neuen Jahr gehört aber ein volles Glas zur Begrüßung. Möge es so duftig werden wie der Wein in diesem Pokal. Prosit Neujahr!

*

Das vergangene Jahr rüstet sich zum Aufbruch. Es ist alt und wird in wenigen Minuten zurücksinken in das Meer der Vergangenheit. Diese Stunde zwischen zwei Jahren hat etwas Unheimliches an sich. Man spürt einen Hauch des Begriffes Zeit, den wir Menschen nur so schwer erfassen können. Immer wenn Menschen an der Schwelle eines neuen Jahres stehen, blicken sie zurück — manchmal wehmütig, manchmal stolz — und schicken ihre Wünsche und Hoffnungen dem neuen entgegen, das noch hinter dem Schleier der Zukunft verborgen ist. Ein Wunsch ist heißer und inbrünstiger als alle anderen, er ist auch wichtiger und ungleich größer: Der ewige Wunsch der Menschheit nach Frieden. Hinter ihm müssen alle anderen zurückstehen. Wenn unsere Gedanken jetzt hinausgehen, einen Menschen suchen, der uns lieb und teuer ist, wenn wir unsere Hoffnungen und Wünsche vom Neuen Jahr erfüllt haben wollen, wenn wir Vorsätze fassen und uns Fehler der Vergangenheit eingestehen, so wollen wir doch auch den Wunsch nach Frieden in unsere Gedanken einschließen und das Neue Jahr als Friedensjahr begrüßen. Wir leeren unsere Gläser auf ein glückliches und gesegnetes Neujahr. (Siehe auch Seite 42)

Eine Abschiedsrede

(Wenn ein Mitarbeiter, ein Vereinsmitglied aus dem Kreis ausscheidet und an eine neue Wirkungsstätte geht.)

Es ist eines der großen Geheimnisse des Lebens, daß man oft erst in dem Augenblick den Wert einer Sache erkennt, wenn man sie verliert. Heute haben wir uns versammelt, um Abschied zu nehmen von einem Freund, dessen Wert wir allerdings schon lange kennen und dessen Scheiden daher eine Lücke hinterläßt, die nicht leicht zu schließen sein wird. Eine neue Aufgabe erwartet ihn, mag sie auch noch so schön und ehrenvoll sein, ich weiß, daß seine Gedanken trotzdem oft hierher wandern, so wie wir ihn sobald nicht vergessen werden. Jahrelanges gemeinsames Erleben verbindet, überdauert Zeit und Trennung. Daher soll er heute wissen, daß er in unserem Kreis immer wieder willkommen sein wird. Zu dieser Versicherung bleibt uns nur noch der Wunsch hinzuzufügen, daß sein zukünftiger Weg unter einem guten Stern stehen möge, genau so, wie er es verdient hat. Zum Abschied aber wollen wir ihm kein „Lebewohl“ zurufen, sondern ein herzliches „Auf Wiedersehen“.

Das Fest ist beendet

Wenn es am besten schmeckt, soll man mit dem Essen aufhören, wenn die Feier auf dem Höhepunkt ist, soll man an das Ende denken. So bleiben die Stunden in köstlicher Erinnerung, so haben wir sie nicht nur bis zur Neige genossen, sondern auch im rechten Zeitpunkt an das M o r g e n gedacht. Es war ein s c h ö - n e s Fest, ein F e s t , wie es in diesem Rahmen und in dieser Form bei uns Tradition ist. Jetzt, in der letzten Stunde, möchte ich gerne allen d e n e n danken, die durch ihre Vorbereitungen, durch ihre Darbietungen oder allein durch ihre Anwesenheit zum Gelingen des Abends beitrugen. Mein b e s o n d e r e r Dank gilt den D a m e n , die einen glänzenden Rahmen zu dieser Feier bildeten. Allen Gästen mein Schlußwort: Dank für Ihr Erscheinen, einen guten Heimweg und eine gute Nacht, u n d a u f e i n W i e d e r s e h e n !

Die Grabrede

(Diese Rede ist für den Leiter der Abordnung eines Vereines oder eines Betriebes gedacht, der bei der Totenfeier den Kranz mit einigen schlichten Worten niederlegen und des verstorbenen Kameraden gedenken will.)

„Ach, es ist so dunkel in der Todeskammer,
Tönt so traurig, wenn er sich bewegt,
Und nun aufhebt seinen schweren Hammer
Und die Stunde schlägt.“

Dieser schlichte Vers des Wandsbeker Boten Matthias Claudius drückt aus, was uns in diesem Augenblick bewegt. Als sich die Nachricht verbreitete, daß unser Kamerad seinem Leiden erlegen sei, da war das nicht nur ein schwerer Schicksalsschlag für seine Angehörigen, sondern auch w i r wurden von Schmerz ergriffen. Unbegreiflich f r ü h wurde der verdienstvolle Mann aus unserer Mitte gerissen. Von Schmerz betäubt gedenken wir seiner. Er stand in unserer Gemeinschaft, und die Gemeinschaft würde aufhören, wenn die Herzen sich nicht mehr vom Leid berühren lassen würden, wenn sie stumm und empfindungslos blieben, wenn sie nicht mehr füreinander schlagen würden.

Der Schlag seines Herzens hat ausgesetzt, t r o t z d e m bleibt er in Gedanken und Erinnerung immer unter uns.

Kurz vor seinem Tode schrieb Walter Flex seherhaft: „Die Toten lassen sich nicht halten, Ihr Lebendigen. Nicht Geisterbanner sollt Ihr sein und Todesbeschwörer, Ihr Leidgeschlagenen. Ihr sollt Totenerwecker werden! Habt Ihr Herzkraft und Liebeskraft genug zu solchem Werk?“

Ich glaube, wir haben diese Kraft. Er soll immer unter uns bleiben, ein Beispiel und ein Mahner für unsere Jugend, ein Freund uns allen wie im Leben.

Ansprache zu einer Totengedenkfeier

(Die Ansprache ist gedacht für eine Feier am Kriegerdenkmal oder bei der Enthüllung einer Gedenktafel für die Gefallenen der Kriege.)

Ich hatt' einen Kameraden ... Diese Weise dringt tief in die Herzen all derer, die lebend aus den Stahlgewittern des Krieges kamen, dringt tief in die Herzen derer, die draußen einen Menschen verloren, der Kamerad oder Freund, Mann oder Bräutigam, Bruder oder Sohn war. Wenn die Akkorde dieses Liedes aufklingen, dann treten die Gefallenen in unseren Kreis, dann sind unsere Gedanken bei ihnen. Wie eine Vision erkennen wir die schlichten Kreuze mit dem Stahlhelm — einer Mahnung gleich — in der heißen Erde Afrikas, den Schneewüsten der Eismeerfront, in der Weite Rußlands, an der Atlantikküste — überall dort, wo deutsche Soldaten getreu ihrem Eid für ihr Vaterland ihr Leben ließen. Wer den Tod an der Front erlebt hat, wenn das Grauen aus den Gräben stieg, der wird nie derer vergessen, die Freiheit und Vaterland über ihr Leben stellten. „Regimenter sterben zehnmal — und es bleibt das Regiment.“ Dieser Spruch Euringers sagt es aus: Wer fällt, bleibt doch unter uns! Seine Truppe, seine Angehörigen vergessen das Opfer für die geheiligte Erde des Vaterlandes nicht. Das Volk gedenkt seiner toten Söhne. Aufrecht könnten sie in unsere Mitte treten. Man hat sie mit Schmutz beworfen, wir haben es nicht geduldet, man hat sie verfemt, wir sind für sie eingetreten, man hat sie geächtet, wir haben uns dagegen aufgebäumt. Ihre Ehre, die sie mit ihrem Leben besiegelten, war unbefleckt, und so wie sich die Fahnen vor den Gräbern senken, so verneigt sich das ganze Volk vor seinen Toten.

Walter Flex fiel 1917. Er sprach für die Toten einen Mahnruf für uns: „Totenklage ist ein arger Totendienst, Gesell! Wollt ihr eure Toten zu Gespenstern machen oder wollt ihr uns Heimrecht geben? Es gibt kein Drittes für Herzen, in die Gottes Hand geschlagen. Macht uns nicht zu Gespenstern, gebt uns Heimrecht! Wir möchten gern zu jeder Stunde in euren Kreis treten dürfen, ohne euer Lachen zu stören. Macht uns nicht ganz zu greisenhaft ernsten Schatten, laßt uns den leichten Duft der Heiterkeit, der als Glanz und Schimmer über unserer Jugend lag! Gebt euren Toten Heimrecht, ihr Lebendigen, daß wir unter euch wohnen und weilen dürfen in dunklen und hellen Stunden. Weint uns nicht nach, daß jeder Freund sich scheuen muß, von uns zu reden! Macht, daß die Freunde ein Herz fassen, von uns zu plaudern und zu lachen! Gebt uns Heimrecht, wie wir's im Leben genossen haben!" (Siehe auch Seite 58)

Dankreden

Nach einer Wahl

(Als erstes eine aufgelockerte Version für die Dankrede eines frischgewählten Vereinsvorsitzenden.)

Wer die Wahl hat, hat auch die Qual. Ihr habt gewählt, ich darf mich jetzt quälen, das Schifflein unseres Vereins durch alle Fährnisse hindurchzusteuern. Ich möchte, wie weiland der Alte Fritz, der erste Diener meines Staates werden, nicht ein kleiner König, der die Vereinsmitglieder als Untertanen ansieht. Wir sitzen alle im gleichen Boot, wird es leck, dann geht es unter mit Mann und Maus. Laßt uns daher gemeinsam die Fahrt planen und durchführen, möge sie für unseren Verein in eine gute Zukunft führen.

*

Die Wahl ist beendet, die meisten Stimmen sind auf mich gefallen. Diesen Vertrauensbeweis kann ich nur damit beantworten, daß ich die Wahl annehme. Ich wurde nicht gewählt, um Reden zu halten, sondern um zu handeln, zu arbeiten für unseren Verein. Deshalb will ich mich kurz fassen und nur sagen, daß ich mir der Pflichten wohl bewußt bin, daß ich sie gerne übernehme und daß ich die mir erwachsende Arbeit wie meine Vorgänger erfüllen will. Euch allen sage ich meinen D a n k , knüpfe daran aber auch die B i t t e , mir zu h e l f e n , die große Aufgabe zu erfüllen zum Segen unseres Vereins.

Nach einer Auszeichnung

Man erwartet von einem Ausgezeichneten, daß er einige Worte dazu sagt. Nun, ich bin tief bewegt, habe ich doch die Auszeichnung erhalten für d a s , was ich einfach für meine P f l i c h t hielt. Ich kann nichts anderes tun, als meinen D a n k dafür auszusprechen und zu versichern, daß ich nicht das Gefühl habe, nunmehr am Z i e l zu sein, sondern daß diese Ehrung für mich eine V e r p f l i c h t u n g bedeutet und mich zu b e s o n d e r e m Eifer anspornen wird.

Nach einer Beförderung (Ernennung)

Ich möchte Ihnen allen herzlich für die Worte und Gratulationen zu meiner Beförderung danken. Gleichzeitig ist es mir ein Bedürfnis, meiner M i t a r b e i t e r zu gedenken, die mich so hervorragend unterstützt und an meinem „Sprung nach oben“ ihren Anteil haben. Es soll sich zwar auf Lorbeeren sehr gut ruhen lassen, aber ich habe die Absicht, diese Beförderung als Verpflichtung zu sehen und meiner Aufgabe durch besonderen Einsatz gerecht zu werden.

Nach einer Abschiedsfeier

Meinen herzlichen Dank für die Worte, die meinem Abschied gewidmet waren. Ich lasse viel zurück. Meine Gedanken werden immer wieder diesen Kreis suchen, in dem ich echte F r e u n d s c h a f t gefunden habe. Mich erwartet N e u l a n d , fern von allen F r e u n d e n . Aber ist es nicht schon viel, wenn man irgendwo Menschen weiß, die zu j e d e r Stunde bereit wären, mit Rat und Tat zu helfen? Es fällt mir s c h w e r , aus dieser Gemeinschaft zu scheiden. Daher möchte ich heute Dank sagen für alles das, was ich hier erleben durfte und was mir in der Zukunft so fehlen wird. Sie haben mir die besten Wünsche auf meinen Weg mitgegeben. M e i n e besten Wünsche für die Zukunft möchte ich I h n e n widmen.

Sprüche — Gedichte — Prologe

für alle Gelegenheiten

Zum Neuen Jahr

Im neuen Jahre Glück und Heil;
auf Weh und Wunden gute Salbe!
Auf groben Klotz ein grober Keil!
Auf einen Schelmen anderthalbe!

Goethe

*

Wie heilt sich ein verlassen Herz,
der dunkeln Schwermut Beute?
Mit Becher-Rundgeläute?
Mit bitterm Spott? Mit frevelndem Scherz?
Nein. Mit ein bißchen Freude!

Conrad Ferdinand Meyer

*

Die Philister, die Beschränkten,
diese geistig Eingeengten,
darf man nie und nimmer necken.
Aber weite, kluge Herzen
wissen stets in unseren Scherzen
Lieb' und Freundschaft zu entdecken.

Heinrich Heine

Zu Fastnacht und Karneval

Wer sauert, mag versiechen,
wer spinnt, mag sich verkriechen,
wer übrig bleibt, sei echt,
und wer da lacht, hat recht!

Volksgut

Zu einem Frühlingsfest

Wie lachen die Himmel,
wie lachen die Erden.
Wie freut sich alles,
wenn's Frühling will werden!

Volksgut

*

Hei juchhei! Kommet herbei!
Suchen wir das Osterei!
Immerfort, hier und dort
und an jedem Ort.

Ist es noch so gut versteckt,
endlich wird es doch entdeckt.
Hier ein Ei, dort ein Ei —
bald sind's zwei und drei!

Hoffmann von Fallersleben

*

Die Luft ist blau, das Tal ist grün,
die kleinen Maienglocken blühn
und Schlüsselblumen drunter;
der Wiesengrund
ist schon so bunt
und malt sich täglich bunter.

Drum komme, wem der Mai gefällt,
und schaue froh die schöne Welt
und Gottes Vatergüte,
die solche Pracht
hervorgebracht,
den Baum und seine Blüte.

Ludwig Hölty

*

Der Schnee zerschmilzt, der Frühling kommt
mit seiner Blumen Schar,
und Busch und Baum ist jung und grün
und blühend wie er war.

Von Bergen rauscht der Strom nicht mehr
mit wilder Fluten Fall;
in seinen Ufern murmelt er,
ein schleichender Kristall.

Johann Gottfried Herder

Zum Muttertag

So gern hätt' ich ein schönes Lied gemacht
von deiner Liebe, deiner treuen Weise,
die Gabe, die für andre immer wacht,
hätt' ich so gern geweckt zu deinem Preise.

Doch wie ich auch gesonnen mehr und mehr,
und wie ich auch die Reime mochte stellen,
des Herzens Fluten wallten drüber her,
zerstörten mir des Liedes zarte Wellen.

So nimm die einfach schlichte Gabe hin,
von einfach ungeschmücktem Wort getragen,
und meine ganze Seele nimm darin:
Wo man am meisten fühlt, weiß man nicht
viel zu sagen.

Annette von Droste-Hülshoff

*

Wenn du noch eine Mutter hast,
so danke Gott und sei zufrieden.
Nicht allen auf dem Erdenrund
ist dieses hohe Glück beschieden.

Wenn du noch eine Mutter hast,
so sollst du sie mit Liebe pflegen,
daß sie dereinst ihr müdes Haupt
in Frieden kann zur Ruhe legen.

Friedrich Wilhelm Kaulisch

Zur Schulentlassung

Willst du hinaus in die weite Welt,
so laß das Sorgen dahinten.
Nimm nicht zuviel, doch ein wenig Geld,
das weitere solltest du finden.

Ein flinker Fuß, eine stetige Hand
und ein Herz am richtigen Flecke,
so kommst du sicher, im fernsten Land,
auch um die gefährlichste Ecke.

Max v. Eyth

*

Du sehnst dich,
weit hinaus zu wandern,
bereitest dich
zu raschem Flug, —
dir selbst sei treu
und treu den andern,
dann ist die Enge
weit genug.

Goethe

*

Tu du redlich nur das Deine,
tu's in Schweigen und Vertraun;
rüste Balken, haue Steine!
Gott der Herr wird baun.

Emanuel Geibel

*

Geh! Gehorche meinen Winken,
nutze deine jungen Tage,
lerne zeitig klüger sein:
Auf des Glückes großer Waage
steht die Zunge selten ein;
du mußt steigen oder sinken,
du mußt herrschen und gewinnen,
oder dienen und verlieren,
leiden oder triumphieren,
Amboß oder Hammer sein.

Goethe

Zum 1. Mai, zu Arbeits- und Betriebsfeiern

In der Arbeit der Maschinen und des Handwerks
und in der Arbeit auf den Feldern,
da finde ich das Werden
und den ewigen Sinn.

Walt Whitman

*

Wer den wucht'gen Hammer schwingt,
wer im Felde mäht die Ähren,
wer ins Mark der Erde dringt,
Weib und Kinder zu ernähren —

wer stroman den Nachen zieht,
wer bei Woll und Werg und Flachse
hinterm Webestuhl sich müht,
daß sein blonder Junge wachse —

jedem Ehre, jedem Preis!
Ehre jeder Hand voll Schwielen!
Ehre jedem Tropfen Schweiß,
der in Hütten fällt und Mühlen !

Ehre jeder nassen Stirn
hinterm Pfluge! Doch auch dessen,
der mit Schädel und mit Hirn
hungernd pflügt, sei nicht vergessen!

Ferdinand Freiligrath

Zum Erntedankfest

Wir schnitten die Saaten,
wir Buben und Dirnen,
mit nackenden Armen,
mit triefenden Stirnen,
von donnernden, dunklen Gewittern bedroht.

Gerettet das Korn! Und nicht einer, der darbe,
gerettet das Korn, aus Unwetters Not!

Conrad Ferdinand Meyer

*

Schon mischt sich Rot in der Blätter Grün,
Reseden und Astern sind im Verblühn,
die Trauben geschnitten, der Hafer gemäht,
der Herbst ist da, das Jahr wird spät.

Und doch — ob Herbst auch — die Sonne glüht.
Weg drum mit der Schwermut aus deinem Gemüt!
Banne die Sorge, genieße, was frommt,
eh' Stille, Schnee und Winter kommt !

Theodor Fontane

Am Lagerfeuer, zur Sonnenwendfeier, zur Abendfeier

Die Zeit ist reif, es dreht das Sonnenrad
zu neuem Lauf auf altem Schicksalspfad
im Jahreskreis der Sonnenwend.

Brenn, Flamme, brenn in uns und reiß uns mit,
brenn klar die Herzen und der Augen Blick
nach Urgesetz der Sonnenwend!

Nun braust der Sonne ew'ger Sternengang
die Kraft der Erde neu als Widerklang
im Urgesetz der Sonnenwend.

Im gleichen Strom des Blutes schließt den Ring:
Neu komm uns Kraft, daß unser Weg geling
im Jahreskreis der Sonnenwend!

*

Stürmt, reißt und rast, ihr Unglückswinde,
zeigt eure ganze Tyrannei!

Verdreht, zerschlitzt so Zweig als Rinde
und brecht den Hoffnungsbaum entzwei!

Dies Hagelwetter
trifft Stamm und Blätter,
die Wurzel bleibt,
bis Sturm und Regen
ihr Wüten legen,
da sie von neuem grünt und Äste treibt.

Johann Christian Günther

*

Und wenn mich am Tag die Ferne
blauer Berge sehnlich zieht,
nachts das Übermaß der Sterne
prächtig mir zu Häupten glüht —
alle Tage und alle Nächte
rühm' ich so des Menschen Los:
Denkt er ewig sich ins Rechte,
ist er ewig schön und groß.

Goethe

Zur Jugendfeier

Der eine fragt: Was kommt danach?
Der andre fragt nur: Ist es recht?
Und also unterscheidet sich
der Freie von dem Knecht.

Theodor Storm

*

Willst du, daß wir mit hinein
in das Haus dich bauen,
laß es dir gefallen, Stein,
daß wir dich behauen!

Friedrich Rückert

*

Das sind die Weisen,
die durch Irrtum zur Wahrheit reifen.
Die bei dem Irrtum verharren,
das sind die Narren.

Friedrich Rückert

Zu einer vaterländischen Feier

Klar das Auge, stark die Hand,
treu dir selbst, dem Vaterland;
lieber brechen als sich schmiegen,
so muß Recht und Rechtes siegen.

Adolf Pichler

*

Ans Vaterland, ans teure, schließ dich an,
das halte fest mit deinem ganzen Herzen,
hier sind die starken Wurzeln deiner Kraft.

Schiller

*

Stimmt an mit hellem, hohem Klang,
stimmt an das Lied der Lieder,
des Vaterlandes Hochgesang,
das Waldtal hall' ihn wieder!

Der alten Barden Vaterland,
dem Vaterland der Treue,
dir, niemals ausgesungnes Land,
dir weihn wir uns aufs neue!

Zur Ahnentugend wir uns weihn,
zum Schutze deiner Hütten;
wir lieben deutsches Fröhlichsein
und alte deutsche Sitten.

Die Barden sollen Lieb' und Wein,
doch öfter Tugend preisen,
sie sollen biedre Männer sein
in Taten und in Weisen.

Ihr Kraftgesang soll himmelan
mit Ungestüm sich reißen,
und jeder echte deutsche Mann
soll Freund und Bruder heißen!

Matthias Claudius

*

Du sollst nicht kalt und ruhig stehn,
wenn große Taten rings geschehn,
erhebe dich aus fauler Ruh',
und greif mit an und greif mit zu.

Und wär's auch nur ein kleiner Stein,
füg' in den Bau ihn doch hinein.
Hast du im Kleinen mitgetan,
greifst du wohl auch das Große an.

Ludwig Würkert

*

Das höchste Gut des Mannes ist sein Volk.
Das höchste Gut des Volkes ist sein Recht.
Des Volkes Seele lebt in seiner Sprache.
Dem Volk, dem Recht und unsrer Sprache treu
fand uns der Tag, wird jeder Tag uns finden.

Spruch am Stadthaus zu Eger

Zu einem Sportfest

O Sport, du bist der Friede!
Du schlingst dein Band um Völker,
die sich als Brüder fühlen in gemeinsamer Pflege
der Kraft, der Ordnung und der Selbstbeherrschung.

Durch dich lernt Jugend selbst sich achten
und auch Charaktereigenschaften anderer Völker
schätzen und bewerten.

Sich gegenseitig messen, übertreffen, das ist das Ziel,
ein Wettstreit für den Frieden.

Pierre de Coubertin,

Begründer der modernen Olympischen Spiele

*

Die Zukunft decket
Schmerzen und Glücke
schrittweis dem Blicke,
doch ungeschrecket
dringen wir vorwärts.

Und schwer und ferne
hängt eine Hülle
mit Ehrfurcht. — Stille
ruhn oben die Sterne
und unten die Gräber.

Doch rufen von drüben
die Stimmen der Geister,
die Stimmen der Meister:
„Versäumt nicht zu üben
die Kräfte des Guten!

Hier flechten sich Kronen
in ewiger Stille,
sie sollen mit Fülle
die Tätigen lohnen!
Wir heißen euch hoffen!“

Goethe

*

Das ganze Leben des Menschen bedarf des Ebenmaßes. Deshalb schicken die Väter ihre Knaben zum Sportlehrer in die Schule, damit auch ihr Körper veredelt werde und so die veredelte Gesinnung unterstütze.

Plato

*

Das unschätzbare Glück der Freiheit
besteht nicht darin,
daß man alles tut,
was man tun mag
und wozu uns die Umstände einladen,
sondern daß man das
ohne Hindernis und Rückhalt
auf dem geraden Weg tun kann,
was man für recht und schicklich hält.

Goethe

*

Ach, was soll der Mensch verlangen?
Ist es besser, ruhig bleiben?
Klammernd fest sich anzuhangen?
Ist es besser, sich zu treiben?

Soll er sich ein Häuschen bauen?
Soll er unter Zelten leben?
Soll er auf die Felsen trauen?
Selbst die festen Felsen beben.

Eines schickt sich nicht für alle!
Sehe jeder, wie er's treibe,
sehe jeder, wo er bleibe,
und wer steht, daß er nicht falle!

Goethe

Zu einem Turnerfest

Die Turnkunst soll die verloren gegangene Gleichmäßigkeit der menschlichen Bildung wiederherstellen, der bloß einseitigen Vergeistigung in der wiedergewonnenen Männlichkeit das notwendige Gegengewicht geben und im jugendlichen Zusammenleben den ganzen Menschen umfassen und ergreifen.

Friedrich Ludwig Jahn

*

Deutschlands Einheit war der Traum meines erwachenden Lebens, das Morgenrot meiner Jugend, der Sonnenschein der Manneskraft und ist jetzt der Abendstern, der mir zur ewigen Ruhe winkt.

Friedrich Ludwig Jahn

*

Die Turnkunst ist eine menschliche Angelegenheit, die überall hingehört, wo sterbliche Menschen das Erdreich bewohnen. Aber sie wird immer wieder in ihrer besonderen Gestalt und Ausübung recht eigentlich ein vaterländisches Werk und volkstümliches Wesen.

Alles Turnen hat sein Gesetz und seine Regel, seine Schule und Zucht, sein Maß und sein Ziel. Die höchste Eigentümlichkeit beim einzelnen und die höchste Volkstümlichkeit bei allen.
Jede Turnanstalt ist ein Tummelplatz leiblicher Kraft, eine Erwerbsschule der Ritterlichkeit, Erziehungsnachhilfe, Gesundheitspflege und öffentliche Wohltat.

Friedrich Ludwig Jahn

Zu einem Sängerfest

Du holde Kunst, in wieviel grauen Stunden,
wo mich des Lebens wilder Kreis umstrickt,
hast du mein Herz zu warmer Lieb entzunden,
hast mich in eine bessre Welt entrückt.

Oft hat ein Seufzer, deiner Harf entflossen,
ein süßer, heiliger Akkord von dir
den Himmel bessrer Zeiten mir erschlossen:
Du holde Kunst, ich danke dir dafür!

Franz von Schober

*

O reiner Klang der Menschenbrust,
du stimmst das Herz so weihevoll,
daß man nicht weiß, ob man vor Lust
aufjauchzen oder weinen soll!

Friedrich v. Bodenstedt

*

Natur und Kunst, sie scheinen sich zu fliehen
und haben sich, eh' man es denkt, gefunden;
Der Widerwille ist auch mir verschwunden,
und beide scheinen gleich mit anzuziehen.
Es gilt wohl nur ein redliches Bemühen!
Und wenn wir erst in angemeß'nen Stunden
mit Geist und Fleiß uns an die Kunst gebunden,
mag frei Natur im Herzen wieder glühen.
So ist's mit aller Bildung auch beschaffen;
Vergebens werden ungebundne Geister
nach der Vollendung reiner Höhe streben.
Wer Großes will, muß sich zusammenraffen;
in der Beschränkung zeigt sich erst der Meister,
und das Gesetz nur kann uns Freiheit geben.

Goethe

*

Ein Regenstrom aus Felsenrissen,
er kommt mit Donners Ungestüm,
Bergtrümmer folgen seinen Güssen,
und Eichen stürzen unter ihm;
Erstaunt, mit wollustvollem Grauen,
hört ihn der Wanderer und lauscht,
er hört die Flut vom Felsen brausen,
doch weiß er nicht, woher sie rauscht!
So strömen des Gesanges Wellen
hervor aus nie entdeckten Quellen.

Verbündet mit den furchtbarn Wesen,
die still des Lebens Faden drehn,
wer kann des Sängers Zauber lösen,
wer seinen Tönen widerstehn?
Wie mit dem Stab des Götterboten
beherrscht er das bewegte Herz:
Er taucht es in das Reich der Toten,
er hebt es staunend himmelwärts
und wiegt es zwischen Ernst und Spiele
auf schwanker Leiter der Gefühle.

Schiller

*

Singet leise, leise, leise,
singt ein flüsternd Wiegenlied,
von dem Monde lernt die Weise,
der so still am Himmel zieht . . .

Singt ein Lied so süß gelinde,
wie die Quellen auf den Kieseln,
wie die Bienen um die Linde
summen, murmeln, flüstern, rieseln.

C. M. Brentano

*

„Ich singe, wie der Vogel singt,
der in den Zweigen wohnet;
das Lied, das aus der Kehle dringt,
ist Lohn, der reichlich lohnet.

Doch darf ich bitten, bitt' ich eins:
Laß mir den besten Becher Weins
in purem Golde reichen!"

Er setzt' ihn an, er trank ihn aus:
„O Trank voll süßer Labe!
O wohl dem hochbeglückten Haus,
wo das ist kleine Gabe!

Ergeht's Euch wohl, so denkt an mich
und danket Gott so warm, als ich
für diesen Trunk Euch danke!"

Goethe

Zu einem Examen

Tu nur das Rechte in deinen Sachen;
das andre wird sich von selber machen.

Goethe

*

Willst du dich deines Wertes freuen,
so mußt der Welt du Wert verleihen.

Goethe

*

Zwischen heut' und morgen
liegt eine lange Frist,
lerne schnell besorgen,
da du noch munter bist.

Goethe

Zu einer Morgenfeier

Noch ahnt man kaum der Sonne Licht,
noch sind die Morgenglocken nicht
im finstern Tal erklungen.

Wie still des Waldes weiter Raum!
Die Vöglein zwitschern nur im Traum,
kein Sang hat sich erschwungen.

Ich hab' mich längst ins Feld gemacht
und habe schon dies Lied erdacht
und hab es laut gesungen.

Ludwig Uhland

*

Verschwunden ist die finstre Nacht,
die Lerche schlägt, der Tag erwacht,
die Sonne kommt mit Prangen
am Himmel aufgegangen.

Sie scheint in Königs Prunkgemach,
sie scheinet durch des Bettlers Dach,
und was in Nacht verborgen war,
das macht sie kund und offenbar.

Schiller

Zu einer Heimatfeier

*(Auch für Feiern der Vertriebenen
in ihren Landsmannschaften)*

O Heimatliebe, Heimatlust,
du Born der Sehnsucht unergründet,
du frommer Strahl, in jeder Brust
vom Himmel selber angezündet.

Emanuel Geibel

*

Wie wird das Bild der alten Tage
durch eure Träume glänzend wehn!
Gleich einer stillen, frommen Sage
wird es euch vor der Seele stehn.

Ferdinand Freiligrath

*

Manches regt sich mir im Innern,
doch wie schaff' ich hier mir Luft?
All mein kindisches Erinnern
findet in mir seine Gruft.

Einsam schweif' ich in die Felder,
such' ein Echo der Natur;
Aber Bäche, Winde, Wälder
rauschen fremd auf dieser Flur.

Unverstanden, unbeachtet,
wie mein deutsches Lied verhallt,
bleibt es, wenn mein Busen schmachtet
und in bangem Sehnen wallt.

August Wilhelm Schlegel

*

Zwischen Frankreich und dem Böhmerwald,
da wachsen unsre Reben.
Grüß' mein Lieb am grünen Rhein,
grüß' mir meinen kühlen Wein!
Nur in Deutschland,
da will ich ewig leben.
Fern in fremden Landen war ich auch,
bald bin ich heimgegangen.
Heiße Luft und Durst dabei,
Qual und Sorgen mancherlei —
nur nach Deutschland
tät heiß mein Herz verlangen.

Als ich sah die Alpen wieder glühn
hell in der Morgensonne:
Grüß' mein Liebchen, goldner Schein,
grüß' mir meinen grünen Rhein!
Nur in Deutschland,
da wohnet Freud' und Wonne.

Heinrich Hoffmann von Fallersleben

*

Ich hatte einst ein schönes Vaterland.
Der Eichbaum
wuchs dort so hoch, die Veilchen nickten sanft —
es war ein Traum.

Das küßte mich auf deutsch und sprach auf deutsch
(man glaubt es kaum,
wie gut es klang) das Wort: „Ich liebe dich!"
Es war ein Traum.

Heinrich Heine

*

Heimat, und wenn dich das Elend umnachtet,
wir haben dich lieb, wie niemals zuvor!

Ein Schelm, wer seine Mutter verachtet,
weil sie Reichtum und Schönheit in Not verlor!

Alter Spruch

Zu einer Totenfeier

*(Auch für Gedenkfeiern am Ehrenmal
oder auf dem Heldenfriedhof)*

Vor den Gräbern der Gefallenen
verstumme der Haß,
der dem Kriege entsteigt
und nur der edle Sinn ihres Opfers
gewinne Gewalt über das Leben.

Auf einem Ehrenmal

*

Schilt nimmermehr die Stunde hart,
die fort von dir was Teures reißt;
sie schreitet durch die Gegenwart
als ferner Zukunft dunkler Geist;
sie will dich vorbereiten, ernst,
auf das, was unabwendbar droht,
damit du heut entbehren lernst,
was morgen sicher raubt der Tod.

Friedrich Hebbel

*

Der Mensch lebt und bestehet
nur eine kurze Zeit,
und alle Welt vergehet
mit ihrer Herrlichkeit.
Es ist nur einer ewig und an allen Enden —
und wir in seinen Händen !

Matthias Claudius

Zu einer Fahnenweihe (Fahnensprüche)

Steht zum Banner, Kameraden!
Kämpferstolz und Jugendkraft
leucht aus euren Augen wider,
fest umschlingt den Bannerschaft.

Haltet hoch ihn in den Händen,
laßt das Tuch im Sturmwind wehn;
droht Gefahr von allen Enden,
treulich woll'n wir zu ihm stehn!

Und des Banners Flammenlodern
sich mit unserm Sein vermählt.
Stürzt das Morsche, laßt's vermodern!
Schreitet! Streitet glutbeseelt !

Fahnenspruch der Pfadfinderschaft

*

Feiger Gedanken
bängliches Schwanken,
weibisches Zagen,
ängstliches Klagen
wendet kein Elend,
macht dich nicht frei.

Allen Gewalten
zum Trutz sich erhalten,
nimmer sich beugen,
kräftig sich zeigen,
rufet die Arme
der Götter herbei.

Goethe

Weihnacht und Advent

Ei, du lieber heiliger Christ,
komm nur nicht, wenn's finster ist,
komm im hellen Mondenschein,
wirf mir Nüss und Äpfel rein!

Volksgut

*

Das Christkindlein bin ich genannt,
den frommen Kindern wohlbekannt.
Die ihren Eltern gehorsam sein,
sich waschen und auch lernen fein,
die früh aufstehn und beten gern,
denen will ich vieles beschern.

Die aber solche Holzböck sein,
die schlagen ihre Schwesterlein,
und necken ihre Brüderlein,
steckt Ruprecht in den Sack hinein.

Aus des Knaben Wunderhorn

*

Markt und Straßen stehn verlassen,
still erleuchtet jedes Haus,
sinnend geh' ich durch die Gassen,
alles sieht so festlich aus.

An den Fenstern haben Frauen
buntes Spielzeug fromm geschmückt,
tausend Kindlein stehn und schauen,
sind so wunderstill beglückt.

Und ich wandre aus den Mauern
bis hinaus ins freie Feld,
hehres Glänzen, heilges Schauern!
Wie so weit und still die Welt!

Sterne hoch die Kreise schlingen,
aus des Schnees Einsamkeit
steigts wie wunderbares Singen —
o du gnadenreiche Zeit!

Joseph Freiherr von Eichendorff

*

Gesegnet sei die Heilge Nacht,
die uns das Licht der Welt gebracht!

Eduard Mörike

*

Die fremde Stadt durchschritt ich sorgenvoll,
der Kinder denkend, die ich ließ zu Haus.
Weihnachten war's; durch alle Gassen scholl
der Kinderjubel und des Markts Gebraus.

Und wie der Menschenstrom mich fortgespült,
drang mir ein heiser Stimmlein in das Ohr:
„Kauft, lieber Herr!" Ein magres Händlein hielt
feilbietend mir ein ärmlich Spielzeug vor.

Ich schrak empor, und beim Laternenschein
sah ich ein bleiches Kinderangesicht;
wes Alters und Geschlechts es mochte sein,
erkannt ich im Vorübergehen nicht.

Nur von dem Treppenstein, darauf es saß,
noch immer hört' ich, mühsam, wie es schien :
„Kauft, lieber Herr!“ den Ruf ohn' Unterlaß;
doch hat wohl keiner ihm Gehör verliehn.

Und ich? — War's Ungeschick, war es die Scham,
am Weg zu handeln mit dem Bettelkind?
Eh' meine Hand zu meiner Börse kam,
verscholl das Stimmlein hinter mir im Wind.

Doch als ich endlich war mit mir allein,
erfaßte mich die Angst im Herzen so,
als säß' mein eigen Kind auf jenem Stein
und schrie nach Brot, indessen ich entfloh.

Theodor Storm

Zu Hochzeit und Verlobung

(Auch Gedichte für verliebte Leute)

Es faßt ein namenloses Sehnen
des Jünglings Herz, er irrt allein,
aus seinen Augen brechen Tränen,
er flieht der Brüder wilden Reihn.

Errötend folgt er ihren Spuren
und ist von ihrem Gruß beglückt,
das Schönste sucht er auf den Fluren,
womit er seine Liebe schmückt.

O zarte Sehnsucht, süßes Hoffen,
der ersten Liebe goldne Zeit!

Das Auge sieht den Himmel offen,
es schwelgt das Herz in Seligkeit;
o, daß sie ewig grünen bliebe,
die schöne Zeit der jungen Liebe!

Schiller

*

Du bist wie eine Blume
so hold und schön und rein;
ich schau' dich an und Wehmut
schleicht mir ins Herz hinein.

Mir ist, als ob ich die Hände
aufs Haupt dir legen sollt',
betend, daß Gott dich erhalte
so rein und schön und hold.

Heinrich Heine

*

Du bist mein, ich bin dein,
des sollst du gewiß sein.
Du bist beschlossen in meinem Herzen,
verloren ist das Schlüsselein:
Du mußt immer darinnen sein.

Walther von der Vogelweide

*

Freudvoll und leidvoll, gedankenvoll sein;
hangen und bangen in schwebender Pein;
himmelhoch jauchzend, zu Tode betrübt;
glücklich allein ist die Seele, die liebt!

Goethe

*

Daß du mich liebst, macht mich mir wert,
dein Blick hat mich vor mir verklärt,
du hebst mich liebend über mich,
mein guter Geist, mein bessres Ich.

Ich liebe dich, weil ich dich lieben muß;
ich liebe dich, weil ich nicht anders kann;
ich liebe dich, nach einem Himmelsschluß;
ich liebe dich, durch einen Zauberbann.

Dich liebe ich, wie die Rose ihren Strauch;
dich liebe ich, wie die Sonne ihren Schein;
dich liebe ich, weil du bist mein Lebenshauch;
dich liebe ich, weil dich lieben ist mein Sein.

Friedrich Rückert

*

An ihren bunten Liedern klettert
die Lerche selig in die Luft;
ein Jubelchor von Sängern schmettert
im Walde voller Blüt' und Duft.

Da sind, soweit die Blicke gleiten,
Altäre festlich aufgebaut,
und all die tausend Herzen läuten
zur Liebesfeier dringend laut.

Der Lenz hat Rosen angezündet
an Leuchtern von Smaragd im Dom;
und jede Seele schwillt und mündet
hinüber in den Opferstrom.

Nikolaus Lenau

Zu einer Abschiedsfeier

O Täler weit, o Höhen,
o schöner, grüner Wald,
du meiner Lust und Wehen
andächt'ger Aufenthalt!

Da draußen, stets betrogen,
saust die geschäft'ge Welt,
schlag noch einmal die Bogen
um mich, du grünes Zelt!

Da steht im Wald geschrieben
ein stilles, ernstes Wort
von rechtem Tun und Lieben,
und was des Menschen Hort.

Ich habe treu gelesen
die Worte schlicht und wahr,
und durch mein ganzes Wesen
ward's unaussprechlich klar.

Bald werd' ich dich verlassen,
fremd in die Fremde gehn,
auf buntbewegten Gassen
des Lebens Schauspiel sehn;

und mitten in dem Leben
wird deines Ernsts Gewalt
mich Einsamen erheben,
so wird mein Herz nicht alt.

Joseph von Eichendorff

*

Es ist bestimmt in Gottes Rat,
daß man, was man am liebsten hat,
muß meiden;
wiewohl nichts in dem Lauf der Welt
dem Herzen, ach, so sauer fällt
als Scheiden, ja Scheiden!

Und hat dir Gott ein Lieb beschert
und hältst du sie recht innig wert,
die deine —
es werden wohl acht Bretter sein,
da legst du sie — wie bald! — hinein;
dann weine, ja weine!

Nur mußt du mich auch recht verstehn,
ja recht verstehn;
wenn Menschen auseinandergehen,
so sagen sie: „Auf Wiedersehn!
Ja Wiedersehn!“

Ernst von Feuchtersleben

*

Zu einem Hausbau (Richtfest, Einweihung)

Das neue Haus ist aufgericht't;
gedeckt, gemauert ist es nicht,
noch können Regen und Sonnenschein
von oben und überall herein;

drum rufen wir zum Meister der Welt,
er wolle von dem Himmelszelt
nur Heil und Segen gießen aus
hier über dieses offne Haus.

Die Fenster und Pforten woll' er weihn,
daß nichts Unseligs komm herein
und daß aus dieser neuen Tür
bald fromme Kindlein springen für.

Nun, Maurer, decket und mauret aus!
Der Segen Gottes ist im Haus.

Ludwig Uhland

*

Tu du redlich nur das Deine,
tu's in Schweigen und Vertraun;
rüste Balken, haue Steine!
Gott der Herr wird baun.

Emanuel Geibel

*

Willst du, daß wir mit hinein
in das Haus dich bauen,
laß es dir gefallen, Stein,
daß wir dich behauen.

Friedrich Rückert

*

Übermütig sieht's nicht aus,
hohes Dach und niedres Haus;
allen, die daselbst verkehrt,
ward ein guter Mut beschert.

Goethe

Zu einer Gesellen- oder Meisterprüfung

In der Arbeit der Maschinen und des Handwerks
und in der Arbeit auf den Feldern,
da finde ich das Werden
und den ewigen Sinn.

Walt Whitman

*

Arbeit !Arbeit! Segensquelle;
Heil und Ehre deiner Kraft,
die aus Finsternis die Helle,
Edles aus Gemeinem schafft!

Aus dem Wirken quillt das Rechte,
aus dem Schaffen keimt das Echte,
wehe, wenn die Tat erschlafft!
Mensch, was dich auch immer quäle,
Arbeit ist das Zauberwort,
Arbeit ist des Glückes Seele,
Arbeit ist des Friedens Hort!

Deine Pulse schlagen schneller,
deine Blicke werden heller,
und dein Herz pocht munter fort!

Heinrich Seidel

*

Ehrt eure deutschen Meister,
dann bannt ihr gute Geister!

Richard Wagner

*

Immer strebe zum Ganzen,
und kannst du selber kein Ganzes werden,
als dienendes Glied schließ' an ein Ganzes dich an!

Goethe

*

Wer mit dem Leben spielt,
kommt nie zurecht;
wer sich nicht selbst befiehlt,
bleibt immer Knecht.

Goethe

*

Gut verloren — etwas verloren!
Mußt rasch dich besinnen
und neues gewinnen.

Ehre verloren — viel verloren!
Mußt Ruhm gewinnen,
da werden die Leute sich anders besinnen.

Mut verloren — alles verloren!
Da wär' es besser, nicht geboren.

Goethe

*

Es reden und träumen die Menschen viel
von bessern, künftigen Tagen,
nach einem glücklichen, goldenen Ziel
sieht man sie rennen und jagen;
die Welt wird alt und wird wieder jung,
doch der Mensch hofft immer Verbesserung.

Die Hoffnung führt ihn ins Leben ein,
sie umflattert den fröhlichen Knaben,
den Jüngling locket ihr Zauberschein,
Sie wird mit dem Greis nicht begraben;
denn beschließt er im Grabe den müden Lauf,
noch am Grabe pflanzt er die Hoffnung auf.

Es ist kein leerer, schmeichelnder Wahn,
erzeugt im Gehirne des Toren,
im Herzen kündet es laut sich an:
Zu was Besserm sind wir geboren.
Und was die innere Stimme spricht,
das täuscht die hoffende Seele nicht.

Schiller

*

Wer den wucht'gen Hammer schwingt,
wer im Felde mäht die Ähren,
wer ins Mark der Erde dringt,
Weib und Kinder zu ernähren;
wer stroman den Nachen zieht;
wer bei Woll und Werg und Flachse
hinterm Webestuhl sich müht,
daß sein blonder Junge wachse: —

Jedem Ehre, jedem Preis!
Ehre jeder Hand voll Schwielen!
Ehre jedem Tropfen Schweiß,
der in Hütten fällt und Mühlen!
Ehre jeder nassen Stirn
hinterm Pfluge! — Doch aus dessen,
der mit Schädel und mit Hirn
hungernd pflügt, sei nicht vergessen!

Ferdinand Freiligrath

*

Der eine fragt: Was kommt danach?
Der andre fragt nur: Ist es recht?
Und also unterscheidet sich
der Freie von dem Knecht.

Theodor Storm

*

Glockenspruch

Freude dieser Stadt bedeute,
Friede sei ihr erst Geläute!

Schiller

*

Tischspruch

Das Brot, Herr, uns segne, das tägliche Brot.
Bewahr uns vor Hunger und bitterer Not
und gib allen Armen in unserem Land
das tägliche Brot, Herr, mit gütiger Hand.

Trinksprüche

Trunken müssen wir sein!
Jugend ist Trunkenheit ohne Wein.
Trinkt sich das Alter wieder zur Jugend,
so ist es eine wundervolle Tugend.
Für Sorgen sorgt das liebe Leben,
und Sorgenbrecher sind die Reben.

Goethe

*

Der Nebel steigt, es fällt das Laub,
schenk ein den Wein, den holden!
Wir wollen uns den grauen Tag
vergolden, ja, vergolden!

Und geht es draußen noch so toll,
unchristlich oder christlich,
ist doch die Welt, die schöne Welt
so gänzlich unverwüstlich!

Und wimmert auch einmal das Herz —
stoß an, und laß es klingen!
Wir wissen's doch: ein rechtes Herz
ist gar nicht umzubringen.

Theodor Storm

*

Auf grünen Hügeln wird geboren
der Gott, der uns den Himmel bringt;
die Sonne hat ihn sich erkoren,
daß sie mit Flammen ihn durchdringt.

Novalis

*

Trink nicht in Hast, als sei's ein Spiel.
Der Weise schießt nicht übers Ziel.
Er trinkt bedächtig — aber viel.

Volksmund

Zur Durchführung geselliger Veranstaltungen aller Art empfehlen wir die umstehend angezeigten Verlagswerke: